德治权威与集体村落：

一个苏南村庄的变迁与治理叙事

唐有财　著

華東理工大學出版社
EAST CHINA UNIVERSITY OF SCIENCE AND TECHNOLOGY PRESS
·上海·

图书在版编目(CIP)数据

德治权威与集体村落：一个苏南村庄的变迁与治理叙事 / 唐有财著. —上海：华东理工大学出版社，2020.3

ISBN 978-7-5628-6161-4

Ⅰ.①德… Ⅱ.①唐… Ⅲ.①农村—群众自治—研究—常熟 Ⅳ.①D638

中国版本图书馆 CIP 数据核字(2020)第 087153 号

策划编辑 / 刘　军
责任编辑 / 孟媛利　刘　军
装帧设计 / 徐　蓉
出版发行 / 华东理工大学出版社有限公司
地址：上海市梅陇路 130 号，200237
电话：021-64250306
网址：www.ecustpress.cn
邮箱：zongbianban@ecustpress.cn
印　　刷 / 江苏凤凰数码印务有限公司
开　　本 / 710 mm × 1000 mm　1/16
印　　张 / 12.5
字　　数 / 171 千字
版　　次 / 2020 年 3 月第 1 版
印　　次 / 2020 年 3 月第 1 次
定　　价 / 48.00 元

序　言

本书名为《德治权威与集体村落：一个苏南村庄的变迁与治理叙事》，讲述了江苏省常熟市蒋巷村作为一个集体化经济村落的发展变迁以及党支部书记常德盛作为一个道德权威的“五味杂陈”，作者用“德治”来展开对蒋巷村集体主义的探讨，应该说是一个有益的尝试。

关于德治，在中国社会是一个古老的话题。顾颉刚曾言：

> 西周以后，因疆域的开拓、交通的便利、富力的增加，文化大开；自孔子以至荀卿、韩非，他们的政治学说都建筑在“人性”上面。……所以那时有很多的尧、舜、禹、汤、文、武、周公的“德化”的故事出来。这类的思想，可以定名为“德治主义”。战国以后，儒家的思想——德治主义——成了正统的思想，再不容鬼治主义者张目……①
>
> 德治的学说是始创于周公的，他之所以想出这个方法来，为的是想永久保持周家的天位。从此以后，德治成了正统，神权落到旁门，两千数百年来的思想就这样统一了，宗教文化便变作伦理文化了。②

可见，德治主义是一套从儒家学说建立起来的思想和伦理文化体系，是相对于宗教巫术的“鬼治主义”而言的，它与礼制的制度体系形成了互补。内圣外王的儒家道统一直希望将他们的“正心修身齐家治国平天下”贯通于

---

① 顾颉刚：《古史辨（二）》，上海古籍出版社 1982 年版，第 44 页。

② 顾颉刚：“德治的创立和德治说的开展”，载《国史讲话全本》，中华书局 2015 年版。

整个社会，特别是民间社会。尽管这样的治理图景从来没有真正按照儒家道统的真髓落地于民间社会，但诸子百家在中国王权制的早期建立起中国社会哲学和治理哲学的思想体系，以及由此带来的支撑王权并与其相互依赖的德治主义，却给中国社会的治理文化留下了一笔巨大的财富。换句话说，中国一直以来的治理文化，后面有着一个庞大的德治体系在运行——虽然不是铁板一块，却构成了中国社会治理文化的基本形态。

这样一个德治体系，在历史上经历了无数次的演变和革命过程，直到我们熟悉的20世纪50年代。20世纪50年代的道德文化实践发生了一次深刻的革命，这就是所谓的社会主义集体化的进程。它伴随着一种看似全“新”的道德体系而诞生，即中国特色的“集体主义”。“集体主义”(collectivism)的概念是一个近代舶来的概念，如何能用它来解释中国农民的共同行为，本来就是一桩概念“悬案”。关于中国延续到今天的社会主义集体经济，我曾经在《开放时代》几年前的“集体经济论坛”上提出：集体性到底是一种什么样的集体性？如何理解人民公社的集体经济遗产与今天那些集体经济村落的连续性，尤其是在体制方面的延续性？集体经济在今天的农村有没有一种内生的动力？集体经济真的是“经济”或者“生产”的问题吗？作为集体成员的百姓究竟在多大程度上参与其中？学术界对于20世纪80年代以后的集体化村庄有着“新集体主义”“后集体主义”“共产主义社区”“地方国家法团主义”“地方市场社会主义”“法团主义村落”“单位化村庄”等不同的理解，基本上是西方概念的视角。在我看来，如果不从中国本土“文化”上来理解，恐怕很难明白这类“集体主义”的真实含义。当今的农村集体经济并不是一些简单的经济标准如产权、市场和土地可以说明的，也不是简单的法团主义、社会主义或者共产主义概念可以解释的。有很多学者已经告诉我们，生产的运行不是一个简单的经济问题，有政治、意识形态和伦理道德等历史文化在后面，它们形成了中国本土特有的德治主义的文化体系。

许烺光在《祖荫下：中国乡村的亲属，人格与社会流动》中曾经说到集体主义是中国文化的价值取向，在这一社会制度中，个人的利益必须服从家族的利益。许烺光是在用西方的集体主义概念讲中国的家族特点。集体经济村落实行的是一种村落共同体的家长式集体管理方式,这和中国的家庭经济伦理有很多相似之处。在中国,家庭或家族是一个财产共有的小社会,有大家共有的认同。集体经济就好像是对中国家庭经济的某种放大,一个村庄好像是一个大家庭,有事一块儿做,家长的权威在其中起着重要的作用。理解当今中国集体经济的核心是什么,不在于土地是谁的,甚至不在于经济的生产方式和分配方式。蒋巷村经历过包产到户,但是他们很快就重新把土地流转给村集体,在 20 世纪 80 年代就创造了一种土地所有权集体共有、使用权包产到户、经营权集体经营的先例。让我们看到集体经济的核心是它的集体文化意义体系,这个文化体系决定了人们按照什么逻辑和制度体系组织起来,决定了他们以什么样的方式确定产权,进行生产和分配,也决定了会有一个村支书来扮演"家长",他是一个传统型的公权威。这是中国社会历史上积累下来的德治文化,并且经过人民公社,融入了当地权威和群众路线,一直到今天还存在的伦理道德体系。

人类学的研究告诉我们,初民社会大多具有一种道德权威,即来自人们的共同体道德认同:

由首领进行食物再分配通常象征着财富的公有。比如说,在某些波利尼西亚社会中,首领被指定为其他人劳动的管理者。他要保证人们不能荒废了他们的土地、不能不交纳用以公共分配的食物。等级社会的首领有影响但却没有权力。……共同享有是物资的主要分配方式,而酋长和其他人比起来,分到的比别人共同享有(或再分配出去)的要多。一个人积累了太多的牛就有遭到公众报复的危险,除非他与别人分享,或者让其他人使用他的牛。如果不这样的话,他就有可能被指控为巫师,而他的牛则可能被杀死吃掉。这种习俗是防止财富过分集中的一种文化方式。[恩伯(Ember, C.)、恩伯(Ember, M.),1988,《文化的变异:现代文化人类学通论》]

美拉尼西亚强人(big man)制度下的社会对财富共有产权。这种初始共有不需要代理人，好像一个家庭中的成员一样。而上述波利尼西亚的酋长制下的再分配的制度中，产权是共有和公有兼有的产权。所谓"公有"，是因为存在"公"的代理人，即酋长。不过，他主要是为大家服务的角色，没有权力，且不能够积累太多，有过多积累时必须与他人共享。这一制度依然带有"共有"产权的特点，即"共同享有是物资的主要分配方式"。酋长作为代理人的出现，意味着权力关系的重要变化。尽管在共有产权之下，首领或者酋长的权力被限制，但是表达和实施权力的"公"权已经出现。这说明，上述酋长制度是一个从共有到公有的变化形态，可以称为"共/公有产权"阶段。随着代理权力的迅速异化，共有制度解体，转变为公有制度。这是早期社会出现王权或皇权的原因。换句话说，王权制最初不是来自私有，而是来自公有。公有产权在初民社会通过代理人的权力异化而产生，公有的代理人最后变成君王或皇帝。

所谓共有社会，不管是共同富裕还是共同受穷，仍旧像一家人。大家有一个共有的伦理，如我家没吃的可以到你家吃，我家没有牛可以用你家的牛，比我们现在的集体化还集体化。这种"初民公平"，在中国社会中依然可以看到深深的烙印。今天来看蒋巷村，不难看到，蒋巷人以自己的实践方式创造了属于他们的集体主义的德治主义，并且能够发扬光大。这一集体主义思想后面的"德"，具有十分接地气的文化逻辑，并非简单的政治说教。例如，村支书常德盛的威信源自他的榜样力量。这是他带领群众，身先士卒，全心全意为人民服务的结果。在一般意义上，"村支书"的角色与集体主义并无必然关联，与在传统德治主义伦理中扮演"家长"的村支书不同，他是为大家服务的一个道德权威。百姓认可的道德权威不是宣传出来的，不是吹出来的，而是干出来的，是这片文化和道德土壤生出来的。

人们完全有理由担心这一类"书记中心制"的集体化村落是否后继有人，它们是否具有制度层面的可持续性。我想说，无论何种制度，如果停留在制度表面，不深入到制度后面的文化体系，都无法判断该制度的有效性和可持续性。重要的是，需要考察这样一个基于中国本土集体主义的德治主义文化体系是否能够持续。一般来说，令人担忧的瓦解上述集体主义的两个极端情形：一是村支书这类代理人变成腐败吃公者，引发“公地悲剧”；二是传统村落共同体的德治体系瓦解。前一个问题的解决方案是所有村落的代理人（村支书）必须坚持完全彻底地为人民服务的宗旨，将人民利益放在首位，而不是凌驾于人民之上；后一个问题的解决方案是坚持具有中国优秀传统文化特色的集体主义和共生经济。正是在这个意义上，本书以德治视角进行的研究不失为一本具有学术价值的研究著作，常德盛在德治体系中扮演了一个德治权威的角色，他做到了上述两点，既全心全意为人民服务，又坚持了集体主义的共生经济，因而他不失为一位德治的楷模。

然而，具有讽刺意味的是：无论是在今天还是未来，能够击垮上述坚持为人民服务的代理人和坚持传统村落共生经济与集体主义这两点的，正是一些借“改革”谋私利的村落，它们一方面生出一批腐败吃公的干部，另一方面被残酷地实施了“私有化手术”，包括蒋巷村在21世纪头十年被强制实施的村集体企业私有化。谈到这里，我想应该再次指出：对资本主义私有化的系统批判，最初来自马克思的《资本论》。1867年，马克思在《资本论》中说：

从资本主义生产方式产生的资本主义占有方式，到资本主义的私有制，是对个人的、以自己劳动为基础的私有制的第一个否定。但资本主义生产由于自然过程的必然性，造成了对自身的否定。这是否定的否定。这种否定不是重新建立私有制，而是在资本主义时代的成就的基础上，也就是说，在协作和对土地及靠劳动本身生产的生产资料的共同占有的基础上，重新建立个人所有制。

马克思的上述论点，可以浓缩为“共有基础上的个人所有制”，这个命题曾经被一些学者视为经济学的“哥德巴赫猜想”。我曾经写过一篇论文破解这一猜想(《白水社区发展基金启示：共有基础上的个人所有制——兼论破解“经济学的哥德巴赫猜想”》,《开放时代》2016 年第 6 期)。结论是：我们一直以来忽略了私有与个人所有的根本性区别,甚至“个人所有”的概念尚不为多数经济学家所知。公有和私有都是不充分的产权,真正的产权标度两端是共有和个人所有(人人公平的所有)。中国农村不能走私有化的道路,当然,也不能走人民被排斥在集体之外、代理人吃公的假集体化的“公有”道路,唯有坚持“共有基础上的个人所有制”才是一条康庄大道。无论蒋巷村的未来发展如何,其集体化德治实践可以被视为这条道路上的一个探索。中国集体主义村庄的治理实践,既不能简化为“村支书”的角色或者个人的感召型权威,更不能简单用“法团主义”“社会主义”等概念来简单涵盖。在它的深层,是一片共生文化的场域,蕴含着一场深刻的社会革命。

本书是在有财博士论文的基础上修改而成的。由于种种原因,有财的博士论文直到今天才得以出版,也意味着这一研究领域的艰难探索。近年来,有财一直坚持不懈地进行城市社区营造的社会工作,也在探索社区的共生之道。作为有财的博士导师,我相信他的努力一定会在今后的理论和实践中获得回报,这不仅是因为他选择从事人类学和社会学研究的一腔热血,也因为有着千千万万行走在这条路上的学人和百姓,他们不断追求着幸福共生的答案,是这片热土上的中国良心!

张小军

2019 年 12 月

目　录

第一章　引子及问题的引出

第一节　引　　子

第一次到蒋巷村的时候，笔者就被眼前的景象深深吸引住了：186 幢标准化的两层别墅整齐地排列着，村民们说，只要花 12.8 万元，他们就能买到这些造价 30 万的别墅；考虑到不同代际的居住方式和生活方式的差异，老年人分住在 158 幢单独的老年公寓中，每幢老年公寓的面积为 50 平方米，公寓内统一采用三星级宾馆配置，村里的老年人只要在 55 岁以上的就可以免费入住；精心规划后的蒋巷村形成了“蒋巷生态园、常盛工业园、村民新家园、农民蔬菜园，无公害优质粮油生产基地”（四园一基地）的基本格局，如今已是乡村旅游的重要景点。此外，村里还有村史展览及荣誉馆、江南农家民俗馆、青少年科普馆、蒋巷农艺馆、蒋巷图书馆、农民剧场、三星级蒋巷宾馆、度假村、农家乐等一系列配套设施。蒋巷村的景象不断地提醒着我们，这是一个超越学界一般定义的典型的集体主义超级村庄。

最初到蒋巷村是因为英国 IDS 资助的一项关于“亚洲社会保障”的项目，其中对于中国农村养老模式的考察是该项目的重要研究内容。农村养老是中国在快速社会转型和老龄化过程中面临的一个急迫的难题。市场化改革后，一方面，随着农村集体经济的式微，农村老年人失去了过去国家集体化时代的保障；另一方面，传统的家庭养老开始出现前所未有的危机，这不仅是因为家庭的资源有限，也因为传统的用以维系家庭养老的孝道伦理逐渐衰落，进而使得很多农村老年人面临“老无所依”的处境。体制的转变和市场的渗透被视为导致农村老年人陷入困境的重要的结构性原因。在这一背景下，我们课题组尝试探索社区在农村养老问题上的潜力和机制。在计划经济时代，集体养老是农村养老的主要模式，这一模式也是社会主义优越性的主要体现。实行家庭联产承包责任制后，对绝大多数农村来说，集体养老也失去了昔日的保障功能。与一般的村落不同，蒋巷村却继续发挥着集体养老的功能，而且得到了各级政府的普遍认可和支持，这套模式自然也引起了学界的关注。

在苏州市文学艺术界联合会（以下简称文联）作家、戏剧家马汉民老师的引荐下，我们来到了全国文明村——蒋巷村。马汉民是苏州本地人，一直关注农村的建设和发展，他曾以蒋巷村党支部书记常德盛的事迹为题材，撰写了长篇叙事诗《常德盛》，因此与蒋巷村建立了良好的关系。在他的引荐下，我们顺利地进入了这个全国闻名的集体主义村落。就我们的课题而言，我们希望通过对这一典型的集体主义村落的调查，探索农村社区在养老方面的潜力。我们关注的问题包括：为什么在全国大部分农村集体都解体后，蒋巷村却依然保持着集体主义的传统？这一村庄养老的内在组织机制是什么？在集体主义村落中，资源是如何被生产、组织和分配的？这一集体主义村落能否为中国其他农村提供一个可资借鉴的模板？

在我们到达的第一天，65 岁的常德盛就热情地接待了我们。与原先笔者想的不同，站在我们面前的常德盛异常朴素、平和、谦虚和诚恳。常德盛身材不高，略显瘦削。他身着略旧的蓝色夹克衫，脚穿一双布鞋，说话和蔼可亲。常德盛和我们每个人都握了手，非常谦虚地说："欢迎清华大学的专家和老师们到我们蒋巷村来指导工作，希望你们多提宝贵意见。"从他平易近人的性格和朴素的着装，我们很难想象他是一个年产值达10多亿的村庄带头人。通过了解，我们得知：他曾担任中共十六大代表，并获得"全国劳动模范"等国家级荣誉。在过去的40多年里，他带领村庄书写了精彩的奋斗故事。

在我们安置完行李后，村里的导游带领我们参观了蒋巷村。2004年，蒋巷村开始发展旅游业，其中的社会主义新农村建设游是来蒋巷村旅游的重要内容。村里的导游的主要工作就是接待从各地来访的领导干部、学者和游客。我们乘坐游览车分别参观了蒋巷新村、蒋巷生态园、粮食生产基地、蒋巷工业园。一路上，导游向我们详细地介绍了蒋巷村的发展历史、蒋巷村村民今天的生活水平及各项福利、蒋巷村在发展过程中获得的各项荣誉以及常德盛个人的感人事迹。

参观的最后一站是常盛工业园，工业园内是蒋巷村的主体企业——常盛集团。据介绍，蒋巷村的村办企业于2004年开始改制，改制后的常盛集团下属的四个主体企业分别转由私人老板承包，即其不再是原先意义上的村办企业了。不过，在常德盛的坚持下，改制后的企业每年仍需向村里缴纳500万元的发展资金，这笔资金在当时已经占了蒋巷村村庄收入的近三分之二，因而改制后企业缴纳的发展资金仍然是蒋巷村的主要资金来源。在参观过程中，导游告诉我们，企业在进行改制时并没有就发展资金与村庄签订正式的协议，现在的500万元是当时改制后的企业负责人向常书记承诺的，而且确实每年都兑现了。不过，当我们问及以后能否保证每年都缴纳这些资金时，导游若有所思地说："那就看他们的良心了。"

蒋巷村的富裕、和谐给笔者留下了深刻的印象，同样令笔者印象深刻的还有导游的那句话，笔者一直在揣摩导游所说的"他们的良心"所蕴含的意涵。

从这句话中，我们能推断出以下信息：蒋巷村村民由于高度发达的村庄经济而享受着丰厚的村庄福利，甚至可以说是过着天堂般的生活，然而村民们仍然对未来的村庄福利抱有不确定性，这种不确定性源自他们对常德盛书记任期结束后自己是否还能够继续享受村庄福利的担忧。在这个意义上，常德盛个人是维系村庄发展和村民福利的决定性因素，他就像一位充满父爱的家长，依靠自己的高尚品德庇护着全村的村民。这也揭示了此类集体主义村落的深层运作机制，即集体主义村落是高度“个体化”的，因而要理解村庄的发展，就必须去理解常书记个人的权威，以及两者之间复杂的联系机制。

作为课题组成员，笔者被安排在蒋巷村做田野调查。由于得到了常德盛书记的大力支持，笔者在蒋巷村的调查进展得非常顺利，并且很快就与村干部和村民熟络起来。笔者调查的主要群体是老年人，他们都非常热心地给笔者介绍了蒋巷村的发展情况以及常书记的感人事迹。随着调查的深入，笔者发现每个人在讲述故事的时候，他们的感情也是一致的。特别是讲到常德盛艰辛的创业史以及对村民无微不至的关怀时，很多村民都情不自禁地流下了眼泪。“没有常书记，就没有蒋巷村的今天，就没有我们今天的幸福生活”，这是笔者听到的最多的话。当笔者问道：“如果以后常书记卸任了怎么办?”村民们特别是那些老年人表现出了无比的忧虑和悲观，他们一致认为，如果常书记退休了，他们的福利很可能就没有保障了，他们的生活很可能就和周围其他村的村民没什么区别了。

村民们的这种情绪表达令笔者想起了许烺光在《祖荫下：中国乡村的亲属，人格与社会流动》所描绘的情景：祖先的庇荫为年轻人提供了“安全阀”，他们承袭祖先的财富和荣誉；为了保证大家庭理想的实现，他们必须具备集体精神并且目标一致。许烺光进而指出，集体主义是中国文化的价值取向，在这种伦理价值下，个人的利益必须服从家族的利益，独立自主的个人在传统的中国社会中几乎是不存在的。[①] 蒋巷村就类似于这样一个大家族，而常

① 许烺光：《祖荫下：中国乡村的亲属，人格与社会流动》，王芃、徐隆德译，（中国台湾）南天书局有限公司2001年版。

德盛则像整个家族的领航人，村民们则在这棵“大树”的庇护下享受着优渥的生活。需要设问的是，在经历了解放、集体化、市场化改革等60年的巨大变迁之后，今天的集体主义村落和许烺光笔下的集体主义为何存在如此相似的品性？在经历市场化改革后，如今农民的发展机会和发展空间已经大大扩展了，而为什么这些村民仍然会觉得如果没有常书记，他们的生活很可能会黯淡无光？需要进一步追问的是，此类集体主义村落，其内在的发展逻辑和运作机制是怎样的？国家和市场力量是如何形塑村庄的发展轨迹与治理结构的？在此类村庄中，国家与社会的纵向关系、村民内部的横向关系呈现怎样的特点？本书试图回答这些问题。

第二节　集体主义村庄以及研究范式

集体主义村落是透视中国农村变迁特别是理解国家与社会关系的重要切入口。围绕集体化和人民公社（简称公社）时期的乡村社会治理和变迁，学术界产生了大量的研究成果，其中具有代表性的作品有伊莎白·柯鲁克和大卫·柯鲁克的《十里店：中国一个村庄的群众运动》（1982）、杨庆堃的《共产主义过渡初期的中国村落》（1959）、韩丁（原名威廉·辛顿）的《翻身：中国一个村庄的革命纪实》（1966）和《深翻：中国一个村庄的继续革命纪实》（2008）、弗里曼等的《中国乡村，社会主义国家》（2002）、张乐天的《告别理想：人民公社制度研究》（2012）、吴毅的《村治变迁中的权威与秩序：20世纪川东双村的表达》（2002）等。这些研究分析探讨了中国共产党从解放战争到中华人民共和国成立后在农村推行的一系列改革措施，如土地改革等，并分析了这些改革对中国农村社会中农民生活的深刻影响，以及国家与乡土社会的关系。在上述研究中，弗里曼等的《中国乡村，社会主义国家》具有一定的代表性。他们注意到，农业集体化运动强化了国家对乡土社会的领导，但是并没有强化乡土社会的改变。传统的文化观念、关系网络仍然构成了乡土社会的权力基础，集体化运动在某种程度上强化了新权力体制中的负面因素，因此弗里曼等学者对农村集体化及其政治经济负面后果持批评态度，并主张进行农村经济的市场化改革。①

20 世纪 70 年代末，中国农村开启了家庭联产承包责任制改革，人民公社体制在农村逐步解体，对中国很多农村来说，集体的力量也不断式微。这场改革大大激发了农民的生产积极性，也极大地促进了农村经济的发展，然而这并不意味着集体主义道路已经被放弃。杨渝东指出，20 世纪 80 年代初之后，中国农村有三条不同的发展道路：第一条道路也是绝大多数乡村走的路，即化整为零，宣告解散集体，农民自谋生路；第二条道路在中国东南部一些经济发达的地区比较多见，是先化整为零，后又化零为整，重新整合村庄的资源，组成建立在新的土地使用制度基础上的工业集体经济，有学者称之为"新集体主义"；第三条道路是不进行分田到户，而是坚持集体主义的传统，即"从农业集体主义转向工业集体主义"，乡村在经济高度发展的同时出现很大分化，但又能依靠"集体主义理想"维系村庄的整合，有学者称之为"后集体主义"。②

如果说市场化改革前的集体主义村落是国家强力推动的制度性安排，那么上述的"新集体主义"和"后集体主义"则主要是村庄的自主选择，并且提供了一种与"去集体化"村落的道路选择进行比较研究的可能。这些不同类型的集体主义村落发展的路径、模式和成效不尽相同，一些村庄如大邱庄等则随着领头人的浮沉而快速衰落；而另一些村庄如华西村、永联村等，历经半个多世纪仍保持明星村的地位，至今依然辉煌，这些村庄的成绩甚至引发了学术界对农村改革集体化和去集体化道路的争论。③ 例如，在一些学者那里，集体主义村庄代表着中国农村的发展方向，是实现共同富裕的重要方向，他们希冀从集体主义村庄的繁荣发展中寻求未来社会的前进道路。而

① ［美］弗里曼等：《中国乡村，社会主义国家》，陶鹤山译，社会科学文献出版社 2002 年版。
② 杨渝东："集体主义的传统与再造"，载《中国研究》2006 年第 2 期。
③ 潘维：《农民与市场：中国基层政权与乡镇企业》，商务印书馆 2003 年版。

更多的研究者则从家庭联产承包责任制实行后中国农村经济发展的成效来看待这一改革路径的选择，并质疑中国农村的集体主义发展道路。在这一背景下，《开放时代》杂志社于2014年年底开展了“集体村庄经济的发展”专题讨论，该期的导语指出，“我们希望能以当今中国集体经济村庄为研究对象，探讨其在市场经济、市场社会环境下的运作机制，了解其所面临的困境、挑战与发展趋向，呈现‘社会主义’理念在村庄经济制度、村民认知层面的流变，为完整把握前后两个‘三十年’的关系提供一个难得的标本”①。事实上，本文要探讨的问题也是在这一框架下所进行的思考。

虽然这些集体主义村落的内部差异非常大，但是它们仍然具有一些共同的特征：(1) 高度发达的村庄经济，特别是村庄的市场化和工业化程度非常高；(2) 村民们享受着优厚的村庄福利，包括各种住房分配、其他非货币的福利待遇和各类分红；(3) 村庄的福利具有一定的排他性，集体主义的福利只面向某个集体边界内部的成员，而非集体成员则很难享受村庄的福利；(4) 村庄具有较为完整和统一的发展规划，体现在产业结构布局、村庄土地规划乃至村庄统一建房等方面；(5) 此类集体主义村落大多是当地的“示范村”，拥有大量的政治荣誉以及由此带来的其他回报；(6) 村民们对村庄怀有强烈的情感认同和荣誉感，且这些情感认同是实现村庄整合的重要保障；(7) 村庄高度共享着一套集体主义的价值伦理，如对共同富裕的价值追求，对公平、公正、共建、共享等价值观的认可等，这些道德伦理影响着村庄的分配机制；(8) 几乎所有的此类村庄都有一个权威的领头人，村庄的发展有着深深的个人烙印，从某种程度上来说，这些领头人与村庄齐名，掌握着关乎村庄发展的重大事项的高度决策权，他们的品性、能力和选择关系着甚至决定着村庄的命运。因此，要理解村庄的发展逻辑，必须理解个人的生命历程，如华西村与吴仁宝，西沟村与申纪兰，以及本书要讨论的蒋巷村与常德盛。

① 曹锦清：“集体经济村庄”，载《开放时代》2015年第1期。

此类村落引起了学术界的极大兴趣，学者们希望通过对此类村落进行详细的个案考察来揭示中国社会转型和制度变迁的多元性，希望通过对特殊个案的考察来理解国家与社会在不同时期的互动机制，甚至希望通过对此类村落的研究来发掘未来农村发展的可能路径。

正如熊万胜等学者所指出的那样，学术界对改革开放前人民公社制度的研究，曾经形成了如林毅夫的历史主义的“制度变迁模型”、温铁军的功能主义的“工业化积累说”和张乐天的“结构主义的冲击—回应”等诸多解释框架，但似乎没有对改革后的农民集体形成新的系统性解释框架。① 虽然学术界对改革后的农村集体主义并没有形成系统性的分析框架，但仍然形成了很多分析概念。这一方面是因为此类集体主义村落在发展过程和运作机制上存在着极大的差异；另一方面则是由于学者们自身的学科背景和思维框架存在巨大差异，他们以各种不同的概念来指涉此类村庄，如“新集体主义”（王颖，1996）、“后集体主义”（周怡，2006）、“共产主义社区”（冯仕政，2002）、“地方国家法团主义”（Jean C. Oi，1986/1989/1992）、“地方市场社会主义”（Lin，1995）以及“法团主义村落”（Ruf，1998）等。还有一些学者则用更加中性的概念如“超级村庄”（折晓叶，1997/2000）、“单位化村庄”（毛丹，2000）来指涉此类村庄。其中，集体主义的分析框架主要强调与过去计划经济时代集体主义道路的某种内在的延续关系，而法团主义框架则主要侧重分析村庄工业发展过程中的公司化运作的特点。无论怎样，由于他们使用的概念差异较大，以至于给我们留下这样的印象，即此类村落的差异性多于共同性。这使得我们忽略了存在于此类村落乃至整个中国农村中更为深层的社会结构。

理解此类村庄的范式也存在很大的差异。归纳起来，对此类集体主义村落的研究主要有四种不同的范式。

第一种范式是从产权制度、组织模式的视角进行讨论的。这一范式延

① 熊万胜、王阳：“当代农民集体：一个四维分析框架的讨论”，载《社会发展研究》2015年第2期。

循着人类学家迈耶·福特斯(Meyer Fortes)、埃文斯-普里查德(Evans-Pritchard)、史密斯(M. G. Smith)等的研究路径,即从集体产权、股份制实践等视角,研究此类村落关于共有产权的创造性实践。在这一视角下,集体主义村落被视为一种实现集体经济发展的有效方式,这种方式通过对此类村庄所有权的归属、占有、经营管理、分配方式等做出相应的制度安排,从而有效地促进村庄的经济发展、提高村庄集体成员的收入水平,并保障他们的福利。这一视角下的研究主要关注集体主义村落中的产权、经营方式以及背后的社会基础,其中颇具代表性的有折晓叶、奥伊、林南等的研究。

折晓叶等通过对广东万丰村、苏南永联村和福建晋江畔村等三个地区、集体(合作)形式上存在差异的村庄进行比较,对超级村庄的兴起、发展过程,以及村庄的组织结构、关系网络、文化传统进行了深入的研究,并从共有体制、村庄内生结构的变迁探讨了此类集体化村庄的内在机制。[①] 折晓叶在对万丰村的个案研究中,追溯了万丰村于家庭联产承包责任制实行后在组织上的分散、集中、再分散和再集中的过程。她通过研究发现,万丰村通过新的合作体制改造,重建和包容了原有的集体经济,建立了新的法人成员集体所有的新体制,进而以集体产业为主体股本基础向村民集资。万丰村的这种集体形式,既包含传统的属于全体村民所有的集体经济实体,又包含因投资而具有村民身份的法人成员所有的新集体或合作经济实体。当这种集体或合作实体以现代“公司”经济的模式进行运作时,无论是在形式上还是在内容上,它都转型为与市场经济相匹配的市场主体了。[②]

奥伊采用地方国家法团主义的分析框架来阐释此类改革开放后通过村庄整体来发展工业的经济模式。她写道:“在经济发展过程中,地方政府具有公司的多种特征,官员们完全像董事会成员那样行动,这种政府与经济结合的新制度形式,我称之为地方法团主义(Local State Corporatism)……我所说的地方法团主义是指一个地方政府协调其辖区内各经济事业单位,似

① 折晓叶、陈婴婴:《社区的实践:“超级村庄”的发展历程》,浙江人民出版社 2000 年版。
② 折晓叶:《村庄的再造:一个“超级村庄”的社会变迁》,中国社会科学出版社 1997 年版。

乎是一个从事多种经营的实业公司。”①

受奥伊的地方法团主义概念的影响，林南以天津大邱庄为个案研究对象，提出了“地方市场社会主义”模型，从国家、市场和地方社会关系三个角度分析了农村改革的经济体制。林南首先肯定了奥伊的地方法团主义模型，而后加入了一个新的变量，即家族的亲属网络。他注意到，这种土生土长的关系网络使得整个村庄集体得以稳定存在。② 林南指出，“社会主义”因素和“市场”因素在现实中如何结合，并不完全取决于经济因素，而主要取决于地方文化因素，特别是家族关系网络。在大邱庄，市场是嵌入家族关系网络之中的，村庄集体经济也是依靠家族关系网络才得以在市场中实现有效运作的。因此，在这个意义上，家族关系既保证了政治权力的连续性和稳定性，又保证了集体经济运行的持续稳定性。

毛丹在《一个村落共同体的变迁：关于尖山下村的单位化的观察与阐释》一书中选择以单位制为描述框架，他注意到：改革开放以来，一些村落出现了模仿城市单位的运动。他运用单位化村庄来概括和分析村社办集体工业的现象及过程。在毛丹的分析框架里，单位化是指村庄在学习城里人办工厂的过程中，努力像城里人办单位一样办村庄。可以窥见，这其中包含了当年农民对有保障的城市生活的理解与向往，也包含了几十年间农村集体化、人民公社制度所积累的复杂组织资源，还包含了因单位而产生的对村庄的改变。他指出，在单位化村落的形成上，由于历史惯性、企业技术等原因，村集体工业壮大并成为主导，企业与行政村重合。于是，“村组织对企业的单位化管理以及这种单位化管理向整个村落的延伸，就不能不意味着整个村落社区被纳入一种新的组织过程与组织系统之中”③，其后果便是形成集产业组织、行政组织和社会组织于一体的村落单位化组织。

① Anita Chan, Jean C Oi, David Zweig, *State and Peasant in Contemporary China: The Political Economy of Village Government*. Berkeley: University of California Press, 1989.

② Nan Lin, *Local market Socialism: Local Corporatism in Action in Rural China*. Theory and Society, 1995, Vol. 24, No. 3, pp. 301 - 354.

③ 毛丹：《一个村落共同体的变迁：关于尖山下村的单位化的观察与阐释》，学林出版社 2000 年版。

第二种范式是从社会整合、社会的再组织化的视角进行讨论的。这一范式沿循着梅约、涂尔干、韦伯、滕尼斯的研究路径，从社会整合、社会组织的视角来理解此类村落。这一范式关注的是，在从传统走向现代的过程中，社区成员之间的联系机制发生了什么变化。其关注点主要是集体身份、集体意识、社区情感、内部组织等问题，其中具有代表性的有王颖对广东南海若干集体主义村庄的研究，周怡对江苏华西村的研究等。

在《新集体主义：乡村社会的再组织》一书中，王颖通过对南海几个集体化村落的考察，提出了"新集体主义"的解释模型。她指出，新集体主义是"以个人利益为基础，以共同富裕为目标而建立起来的，是一种具有合作意识、公私兼顾的关系模式和以群体为单位的社会组织方式"。这种新集体主义与人民公社时期的集体主义有一些关联，但却存在本质的差异。首先，新集体主义是一种社会意识，其核心观念强调了自愿基础上的合作精神，因此与人民公社时期的基于强制性的个人服务集体有着本质的差异。这种合作的思想文化基础是从家族观念中延伸出来的"泛家族意识"。其次，新集体主义是一种新型的关系模式。这种"新"主要体现在它是基于个人利益的集体利益，而不是以牺牲个人利益来满足集体利益的。在她看来，集体是有明确边界的利益群体，现有的集体产权与个人私有并不矛盾。最后，新集体主义是一种新的组织结构和社会整合模式，它不再是传统的外在附加上的纯粹以管理为目的的行政性联结，而是通过经济纽带扩展了组织整合的广度和力度，与此同时，村庄的新整合边界开始弱化，其更多表现为区域性的经济整体性。①

周怡对华西村的研究，其关注的核心问题是：在社会转型的背景下，后集体主义村落是如何实现高度整合的。周怡注意到，华西村在经济转型的过程中，社会结构已经高度分化，不过这些分化并没有阻碍村庄成员的团结和整合，华西村依然保持着高度的秩序。她的研究发现，作为社区共享的价

① 王颖：《新集体主义：乡村社会的再组织》，经济管理出版社 1996 年版。

值认同，不论是对集体主义目标、社区变迁的认同，还是对社会回报以及社会交往的认同，村民们所表达的价值理念明显仍然沿袭着公社集体化时代的传统。比如，对“集体所有制”“社会主义信念”的执着期待，“家本位”“村本位”的行为取向，以及对村庄社区变迁的理性判断等，都反映出村民在价值理性上依然追求集体主义并以社会主义集体富裕的精神理念为本。虽然遵循个体主义取向的市场逻辑造成了社会分化，但是共享集体主义成果的价值观念是村庄在整体层面上保持整合的精神支柱。由此可说，反映集体主义的意识形态取向更多地继承了以往政治时代的再分配逻辑。① 此外，村庄的集体记忆、村规民约、权威和利益是维系这种整合的重要因素，集体主义不仅体现在村庄资产分配、领导和管理权等结构性要素上，还作为一种纯粹的道德力量深嵌于村庄的惯习和各项规章制度之中。

第三种范式则是从社会转型的视角来研究此类村落的变迁。这一范式主要关注的是制度变迁、国家与社会的关系等问题，其中具有代表性的有冯仕政对河南南街村的研究。

冯仕政对南街村这一号称共产主义社区的村落的制度变迁过程进行了详细的研究。他指出，南街村的制度变迁过程表明，在市场化改革的进程中，市场中的制度变迁在资源和文化上都对改革开放前的再分配体制具有“路径依赖性”。冯仕政注意到，南街村的制度变迁目标和手段选择，在很大程度上都依赖于领头人的政治权威，即与王洪彬的个人能力、角色和意识形态取向分不开，而这种“特殊主义关系”无法被推广，因此南街村的经验很难在其他地方被复制。②

第四种范式是从文化的视角进行分析的，其将“集体”作为一种文化现象。麻国庆指出，中华人民共和国成立后的中国社会，社会结构的发展和变迁并不意味着传统乡土社会实现了结构性转型。在某种意义上，这种社会结构的发展和变迁可以说是社会文化的一种延续，即使在社会运动最激烈

① 周怡：《中国第一村：华西村转型经济中的后集体主义》，(中国香港) 牛津大学出版社 2006 年版。
② 冯仕政：《再分配体制的再生：杰村的制度变迁》，国家行政学院出版社 2002 年版。

的时期，中国的传统文化元素也被保留了下来。这种传统的延续对重新反思今天中国社会的“割裂”等问题是有帮助的。同样地，集体经济离不开社会的延续，社会发展到今天不是一种断裂，而是一种结构性的延续。如何来理解和看待这种结构性的延续？麻国庆进一步指出，传统中国农村有一套自身的组织方式，谁能领导组织是一个很关键的问题，其中包含了宗族、人情等一系列较为复杂的因素。农民的这套认同体系与现在我们所理解的国家认同、民族认同不一样，它更能体现出农民的切身利益和行为活动。集体经济的背后是集体的认同，“集体”作为文化现象，更容易被理解。领头人也好，能人也好，都是表述“集体”的符号，而不是简单的经济载体的对象。①

以上是对近年来国内外关于此类集体主义村落研究的一个简单梳理。需要指出的是，上述四种范式的划分以及每个研究归类都只是强调学者们的核心关注点；实际上，上述研究或多或少都关注了其他问题，甚至给予了较多的分析，而前文的处理是相对简单的。上述研究从宏观结构和制度变迁的角度对集体主义村落的形成逻辑和运作方式进行了深刻的分析，具有一定的启发意义，也遭到了一些批评。一些学者质疑集体主义的分析框架，如秦晖指出，目前的所谓集体主义模式本质上是被集体化了的。他认为，农民在缺乏完全意义上的权利的基础上也不存在真正意义上的集体主义。②在另一项研究中，秦晖更是明确指出，此类发展模式无论是姓“私”还是姓“公”，其本质都是以“能人”为中心，是以小共同体为依托的“庄主经济”。这种“庄主经济”式的小共同体与所谓的“新集体主义”并不是一回事。集体主义不管“新”“旧”，都与个体主义相对立，而“小共同体本位”却是与“大共同体本位”相对立的。③

更重要的问题在于，上述解释范式对人的要素特别是村庄权威没有给予足够的重视。如果将集体主义村落的运作和发展视为一个函数，那么我

① 麻国庆：“集体经济村庄”，载《开放时代》2015年第1期。
② 秦晖：“农民需要怎样的‘集体主义’——民间组织资源与现代国家整合”，载《东南学术》2007年第1期。
③ 秦晖：“‘大共同体本位’与传统中国社会（下）”，载《社会学研究》1999年第4期。

们可以说，影响其发展的内外部因素是非常复杂的。在宏观层面上，如集体主义村落的工业化和市场化程度非常高，因而区域优势、产业结构对集体主义的经济发展具有决定性的意义；在中观层面上，集体主义村落的工业发展需要有效的组织管理，因而企业的经营和管理水平具有重要的影响。此外，村庄内部的社会关系、文化传统、资源禀赋等因素对村庄发展的影响也不容忽视。然而上述解释框架面临的一个主要困境是，这些集体主义村落的上述要素并非独占性的。正如王景新所指出的，在资源禀赋方面，甲、乙两村仅隔一条路或一条沟，不存在禀赋差异；若说文化传统不同，华西村、花园村文化传统深厚，它们旁边村的文化传统就不深厚？若说区域政策不同，村域之间不都在一个国家、一个县、一个乡，甚至治理政策也完全一样。区域经济学中所有关于区域差异的解释，都无法用来解释村际差异。[①] 更为重要的是，这些来自内、外部的影响因素并不会自动形成一个集体主义村落，而是需要能动者的有效组织和运作。用一个不那么贴切的比喻来形容，这些要素类似美食的食材，这些食材自己不会变成一份美食，而是需要一个优秀的厨师通过特定的技术和工艺将这些食材转变为美味佳肴。因此，厨师的能力有着非常重要的影响。对此，陆学艺认为，"社区领袖是农村管理系统中的特殊因素，在经济起飞阶段具有相当强的积极作用，可以说是无法替代的"[②]。曹锦清也指出，此类集体主义超级村庄的发展核心在于能人因素——德才兼备的能人现象。虽然区位选择、产业选择、内部责任制的落实等毫无疑问都是重要的，但最关键的是有一个德才兼备的能人。这里的"德"是指能人承担了村庄发展的成本，但是却将收益分配给集体，而不是自己占有，由此获得村民的尊重和各级领导的肯定；"能"则是指在市场化的转型过程中具备各种经营管理才能。在曹锦清看来，兼具集体经济领头人的动机和能力的人可遇不可求，因而这种集体经济存在"人存政举，人亡政息"的可能性。[③] 此外，他

① 王景新："集体经济村庄"，载《开放时代》2015 年第 1 期。
② 陆学艺：《改革中的农村与农民》，中共中央党校出版社 1992 年版。
③ 曹锦清："集体经济村庄"，载《开放时代》2015 年第 1 期。

还进一步指出,“领头人”不仅要有村落文化背景,还要有政治文化背景,但这两种文化不足以使这类人在中国乡村普遍地产生出来,再加之中国传统村落文化中的家庭至上主义与缺乏合作精神,以及市场经济固有的本性(即把群体成员从各自所属的集体中抽离出来,使其成为市场中追求自身利益最大化的独立主体),因而这类村庄很难成为村民组织的一般形式,仅仅是“只供参观,但无法效仿”①。从这个意义上来说,研究集体主义村落不能仅仅关注这些外部环境和资源,而更应关注村落中的能动者的行动策略和实施过程。

由于既有研究在分析框架上陷入困境,所以我们无法更为精确地把握这类村庄的核心特性。因此,选择一个全新的分析框架便成为首要的问题。仔细分析上述研究,我们发现这些研究对村庄权威的关注都不够,这使得我们忽视了此类村庄所具有的一种更为重要的关系,即垂直(vertical)的社会关系,其中不仅包括村庄与国家的关系,也包括村民与村庄权威的关系。当大邱庄随着领头人禹作敏的倒台而一夜之间崩塌时,当大寨村不得不请郭凤莲重新出山从而获得新生时,我们能直观感受到村庄权威对于此类村庄的决定性意义。可以说,村庄权威是理解此类村庄的一个关键切入点,而这是既有的集体主义模型和法团主义模型所无法解释的。需要强调的是,村庄权威只是理解的一个切入点,对于本书来说,更为重要的是通过权威去理解此类村庄及整个中国社会更为深层的社会结构。

如果重新审视这类村庄权威的特点,我们就会发现他们身上存在着一些共同的元素。第一,村庄权威一般较为强势,其地位和影响力远高于一般村民,这些领头人所具有的强烈的责任感和强大的人格魅力,使得他们在村庄内享有很高的声望,领头人的权威通常呈克里斯玛型特性。第二,村庄权威通常经历了长达数十年的时间才逐步被树立起来,一旦树立之后就具备了不可替代性,村庄的发展和村落权威也开始耦合。第三,村庄权威通常把

① 曹锦清:《黄河边的中国》,上海文艺出版社2000年版,第165页。

村庄集体的利益放在更高的位置，一以贯之地坚持集体发展、共同富裕的道路，带领村民艰苦奋斗，并将这种集体精神通过各种方式传承下去。第四，村庄权威对村庄的发展和村民的福祉具有重要的责任和决定权，村民们也对村庄权威报以忠诚和感激，因而感恩通常是此类村庄村民的共同情感表达。第五，村庄权威与国家权力和外部环境有紧密的联系，他们能够得到国家给予的各种荣誉、职位和资源，而这种与国家权力的联系是其他村民所无法拥有的。第六，维系村庄权威与村民关系的主要因素是传统的伦理道德、习惯，这更多是一种非正式的（informal）、个人性（personal）的关系，其中的很多规则不可言明（implicit），但却发挥着实实在在的作用。第七，村庄权威是国家、市场与村庄衔接的重要中介。村庄权威基于传统的道义伦理或全心全意为人民服务的精神，为村民谋取福利。在这一利益实现机制中，道义伦理是最为主要的原则，而基于权利义务原则的公共性力量则很难成长起来。林南研究的大邱庄、周怡研究的华西村、冯仕政研究的南街村，以及拉夫所关注的四川乔楼村，显然都具备上述典型特点。因此，如何建立起村庄权威与村落发展之间的联系机制是本研究的主要目标。

第三节　德治权威与集体村落：一个新的分析框架

一、权威研究的基础理论

既有的关于集体主义村落的研究过于强调制度和结构的层面，具有“目中无人”的嫌疑。本研究则试图从能动者的视角来研究德才兼备的权威是如何建设和治理集体主义村落的。诚然，集体主义村落的制度环境、资源禀赋、关系网络、政治资本、文化传统等要素都对其具有重要影响，然而这些要素及资源最终都需要人的组织和经营。正如一些研究所指出的那样，好的领导可以利用其权力优势、机会意识、社交技巧和知识等公共领导力，为集体行动提供资源、信息和权威，建立信任，承担并降低组织成本，提高决策效率，克服集体内经济利益的异质性，解决集体内部冲突，进而发展出共同解决困难的意识和承诺。[①] 德治权威是如何形成的？它依靠何种资源在乡土社会中发挥作用？权威是如何推动村庄发展的？村庄中的德治是如何实践的？“德”在权威的树立和实践中扮演何种角色？这些问题都值得进行探索。

村落权威是指在一个村落社会中享有威望的组织或个人，杜赞奇认为，“它是个人、群体和组织通过各种手段以获取他人服从的能力，这些手段包括暴力、强制、说服以及继承原有的权威和法统”[②]。村落权威的形成机制非常复杂，有赖于特定的历史文化传统、心理习性、社会基础以及外部政治经济条件，它是理解村落政治的核心要素。对于权威的理解，政治学、社会学和人类学的大量研究给我们提供了有益的启发。学者乔万尼·萨托利认为，权威是一种权力形式、一种影响力形式，来自人们的自发授权，它从自愿服从、为民所认可中得到力量。权威是建立在威望和尊敬之上的权力。[③] 显然，乔万尼·萨托利更为看重权威形成中的认同力量，特别是来自被服从者基于内心尊敬的服从。因此，权威的形成和对权威的认同背后存在着深层的心理机制，此种机制是通过不断博弈和互动形成的。

韦伯对权威的经典分类于我们理解集体主义村落的德治权威有重要借鉴意义。韦伯认为，权威分为传统型权威、法理型权威和克里斯玛型权威三类。这三种权威的形成机制是不同的，传统型权威以尊奉神圣传统（习惯）和个人专断为特征；法理型权威统治的特质是，权力者经由正当合法的程序而被任命或当选，人们遵从非个人化的成文的法律规范；而克里斯玛型权威则被认为具有超自然的、超人的或极不寻常的力量和品质。[④] 这三种权威赖

① 舒全峰、苏毅清、张明慧、王亚华：“第一书记、公共领导力与村庄集体行动——基于 CIRS‘百村调查’数据的实证分析”，载《公共管理学报》2018 年第 3 期。

② ［美］杜赞奇：《文化、权力与国家：1900—1942 年的华北农村》，王福明译，江苏人民出版社 2003 年版。

③ ［美］乔万尼·萨托利：《民主新论》，冯克利、阎克文译，上海人民出版社 2009 年版。

④ ［德］马克斯·韦伯：《韦伯作品集Ⅱ：经济与历史，支配的类型》，康乐、简美惠译，广西师范大学出版社 2004 年版，第 303 页。

以产生的社会基础及形成机制都不相同。在韦伯看来，传统型权威和克里斯玛型权威都是前现代社会的产物。法理型权威则代表了现代社会的权力机制，与另两种类型不同，法理型权威下的被统治者不再是服从于统治者个人，而是服从于法规，其之所以服从，是因为他相信法律和规章制度是正当且合理的。韦伯认为，在现代社会中长期维持克里斯玛型权威极其困难，他在分析公共权威时指出："理想的权威形式应当是从个人魅力型权威的统治转向法理型权威的统治。"[①]因此，克里斯玛型权威最终会经历一个例行化的过程。

不过，在实际的组织管理中，这些个人魅力型权威仍然广泛存在。如豪斯等通过对魅力型领导者如何唤醒、引导、转化追随者的动机进行深入细致的研究，形成了魅力型领导的激励理论和基于相应价值观的领导理论。研究发现，这些魅力型领导者之所以能够对下属产生影响力而拥有一批追随者，大体来说具有下述特点：明确表述一个清晰的、有吸引力的愿景；展现强烈的自信和实现愿景的信心；领导者以身作则，树立榜样角色以强化内在于愿景的价值观；强调意识形态的、集体的终极价值，以此鼓励追随者从工具理性取向转为道德取向，从关注个人所得转向关注为集体所做的贡献。[②]

韦伯对权威的分类是在西方语境下形成的理想型分析框架，对中国乡土社会权威进行研究则应该将其放在中国的社会结构中来理解。费孝通对传统乡土社会的权力结构进行了精辟的阐释。他在《乡土中国》一书中用"横暴权力"和"同意权力"区分了中国乡村社会的两种权威。"横暴权力"是指在应对社会冲突时具有支配和统治作用的工具和力量，即政府或国家组织的统治权力；"同意权力"则是由社会分工、社会契约所授予的权力，人们同意遵守契约赋予的权利与义务。费孝通指出，乡土中国是既非由"横暴权力"统治亦非由"同意权力"统治的社会，而是由"教化权力"或"长老统治"的"无为政治"的社会。"在这里我们可以看到的是乡土社会里的权力结构，虽则名义上可以说是'专制''独裁'，但是除了自己不想持续的末代皇帝之外，

---

① ［德］马克斯·韦伯：《经济与社会(上卷)》，林荣远译，商务印书馆 1997 年版，第 269—300 页。
② 罗珉："魅力型领导理论述评"，载《当代经济管理》2008 年第 11 期。

在人民实际生活上看，是松弛和微弱的，是挂名的，是无为的。”①

这种权力结构的形成是由中国乡土社会结构的特点所决定的，这一特点首先是中国不同于西方基于个人主义基础上的团体格局，而是基于自我主义的差序格局。他写道：

“我们的格局不是一捆一捆扎清楚的柴，而是好像把一块石头丢在水面上所发生的一圈圈推出去的波纹。每个人都是他(的)社会影响所推出的圈子的中心。被圈子的波纹所推及的就发生联系。每个人在某一时间某一地点所动用的圈子是不一定相同的。

“一个差序格局的社会，是由无数私人关系搭成的网络。这网络的每一个结都附着一种道德要素，因之，传统的道德里不另找出一个笼统性的道德观念来，所有的价值标准也不能超脱于差序的人伦而存在了。”②

费孝通的差序格局表明，中国社会并不是一个讲求权利义务原则的社会，而是一个遵循亲疏远近原则的社会。阎云翔指出，多数学者只看到“差”而忽略了“序”，即忽视了费孝通先生对纵向的等级制度的探讨。差序格局的维系有赖于尊卑上下的等级差异的不断再生产，这种再生产是通过伦理规范、资源配置、奖惩机制以及社会流动等社会文化制度来实现的。倘若将差序格局仅仅理解为产生于农业生产方式和乡土社会的一种关系网络，那么随着生产方式的改变和乡土社会或早或晚的消亡，差序格局概念的现代内涵也会逐渐消失。③

二、乡土社会权威的演变

除了差序格局这一社会结构特征外，费孝通指出，研究中国乡土社会的

①② 费孝通：《乡土中国，生育制度》，北京大学出版社 1998 年版，第 63 页。
③ ［美］阎云翔：“差序格局与中国文化的等级观”，载《社会学研究》2006 年第 4 期。

权威还应该注意中国另一个传统双轨政治的特点，即官绅分立、上下分治的“双轨制”。

“在乡土中国的国家与社会中，‘皇权’是一轨，代表‘霸道’；‘绅权’是一轨，代表‘王道’。乡绅是有独立人格的，是国家‘霸道’侵入基层社会的防线，也是基层社会活力的保证。”①

由于皇权不下县，因此国家的权力根本无法渗透到农村，而只得默认地方权威即士绅阶层的治理。士绅阶层作为民间的统治精英，是国家制度框架中的基础社会力量，是实现社会整合、造就社会的自我组织以及自我形成秩序的重要社会力量。民间统治精英在社会生活中行使统治职能时所依赖的资源，并不是由国家所赋予的行政性治理权，而是来自非正式的影响力，包括由财富、威望、能力、知识等所派生的影响力，还有在乡土社会共同体中的公共身份。而拥有正统的、道德性的文化知识和保持一定的道德威望，无疑是民间统治精英实现对乡村权力控制的必要前提，从这个意义上来说，士绅阶层权威的伦理基础是德治。科举制度实行后，中国历史的变迁过程可以说是国家、士绅和民众三个结构因子互动演变的过程，在这里，我们特别关注士绅阶层的变迁、蜕变和消亡。晚清时期，科举制度被废除，从根本上改变了人们的上升性社会变动取向，切断了士绅的社会来源。传统的稳定的士绅阶层分裂成新式知识分子、旧式知识分子、新式军人和追逐私利的土豪劣绅。特别是随着近代大量士绅离开农村进入城市，某些恶势力进入村庄政权，充当政权现代化过程中的国家代理人，将双轨政治变成了单轨政治，恶化了农民与国家之间的关系。士绅的蜕变意味着原先沟通国家与乡土社会的中介发生了结构式的转变，“中介们”无法继续承载治理乡村社会的功能和责任，从而导致了全面的治理性危机，基层社会整合发生困难，政

① 费孝通：《乡土中国(经典珍藏版)》，上海人民出版社 2013 年版。

治解体的同时社会解体也随之而来。此外，国家政权建设也深层次地改变了国家与社会的关系。国家政权建设意味着基层政权的授权来源变成了国家，基层政权获得了官方的承认。与之相对应的一个问题是，国家是否有能力完全掌控基层社会？地方社会的领导者是否依然凭借它自身的逻辑所产生？杜赞奇在对近代中国农村进行分析时讨论了国家政权向基层社会扩张的问题，并建议用"经纪体制"来理解基层社会结构，他认为经纪体制在国家和农民之间起到了协调作用。杜赞奇将国家借以统治乡村社会的"中介人"分为两类：一类为"保护型经纪"；另一类经纪则视乡民为可被榨取利润的对象，杜赞奇将其称为"赢利型经纪"或"掠夺型经纪"。杜赞奇提出了"权力文化网络"的分析框架，用以分析乡村社会中的权力关系。他指出，随着国家政权的确立，国家权力通过借助商业团体、经纪人、庙会组织、宗教、神话及象征性资源等中介来进入基层社会，打破了乡村社会原有的权力文化网络，营利型经纪取代了保护型经纪，从而使得国家政权建设陷入内卷化的困境。①

中华人民共和国成立后，乡村权威的形成机制得以重塑，中国共产党实现了国家政权建设的下沉，士绅作为一个阶层随着原先的社会经济和政治基础的变革也随之退出了历史舞台。村干部成为新的乡村权威，成为国家在村社内培育的代理人，从组织上打破了原有的权力文化网络，并建立起新的政权组织网络，从而确立起国家在乡土社会治理中的合法性。村干部作为国家权力的代表，直接融入村级组织，扮演着国家与社会的"接点"，从而实现国家与基层社会的有机联系，并重塑起"国家—基层组织—社会"的三边关系，这种村级组织既汇聚了国家的权力，又聚集了基层社会的无规则，既包含国家又包含社会。② 村干部在权力运作中面临着多重张力：一方面，他们承担着国家顶层设计在乡土社会中的执行者和推动者角色；另一方面，这些政策的实践又依赖于乡土社会对政策的理解、接受和执行程度。而村

① [美]杜赞奇：《文化、权力与国家：1900—1942年的华北农村》，王福明译，江苏人民出版社2003年版。
② 谢小芹："'接点治理'：贫困研究中的一个新视野——基于广西圆村'第一书记'扶贫制度的基层实践"，载《公共管理学报》2016年第3期。

干部权威的伦理原则，则立基于官方的意识形态道德。

改革开放后，人民公社体制被乡政村治的基层治理体制所取代。农村的生产经营方式也发生了重大调整，实行家庭分散和集体统一的双层经营的家庭联产承包责任制，市场机制取代再分配机制成为主要的经济整合机制，资源分配逻辑发生了重大转变。这意味着，原先村庄公共权威赖以形成的经济基础和治理体制的转型与消解导致村庄权威的改变，特别是一些经济能人开始登上村庄的政治舞台，而以市场利益为导向的实用主义道德成了这一时期村庄权威的重要伦理原则。关于不同历史时期的村落权威及其治理体制见表1-1。

表1-1　不同历史时期的村落权威及其治理体制

历史时期	经济基础	治理体制	组织基础	权威主体	伦理原则
1949年以前	封建地主土地所有制；互惠机制	县—保甲—士绅、宗族大户—村民	家族/宗族、庙会、民间团体	宗族/家族/乡绅	儒家道德
土地改革（简称"土改"）及农业合作化后；人民公社时期	农民土地私有制转向土地集体所有、集体使用；再分配机制	人民公社—生产大队（简称大队）—生产队	党支部、贫下中农协会、共青团、妇联、民兵	干部（党支部、队委会、贫下中农协会）	为人民服务的道德标准
改革开放后	集体土地联产承包责任制（家庭分散和集体统一双层经营）；市场机制	乡政村治	党支部、村委会、团支部、妇女小组、农村专业技术协会、经济合作社、其他民间组织	村干部+宗族/能人+村民	市场经济实用主义道德

三、乡土权威与"德治"

村庄治理是一个通过村庄权威分配社区资源、促进社会整合和推动村庄发展的过程。不同的权威构成和作用模式形成了不同的治理体制。村干部的权威是多重要素的结合，然而在乡土社会中，权威是以道德秩序为基础的，“德”是获得国家承认与村民认可的核心要素。“德治”（virtuocracy）是实现村庄整合、形成村庄权威的重要条件。在乡土社会中，“德治”是权威实践的内在伦理原则，是乡土社会的主要治理体制。如费孝通指出，传统皇权的“无为主义”治理方式赋予地方社会充分的自治权，而宗族和伦理是自治的主要力量与依据。由于乡土社会是一个生于斯长于斯的熟人社会，“礼”是乡土社会中被普遍认可和遵守的行为规范，且它进一步形塑了村民之间的观念和行为、塑造了乡村社会的规则，因而“德治”为乡村社会的治理提供了一套合法性的资源。而这一德治是依托地方性权威和乡规民约等一系列惩戒性的措施来实现的。在传统的乡村社会中，建立在血缘基础上的家族权威是维系村社秩序的主导力量，通过道德教化的方式将地方性规范内化，同时也借助惩戒性的家规族法对品行不端的行为给予惩罚。

这一治理体制并没有随着中华人民共和国的成立而被抛弃，相反地，国家通过塑造新的道德体系和权力格局，形成了新的道德权威和政治秩序。正如谢淑丽所指出的，德治在中国不仅仅是一种分配资源的标准，还是推进社会转型、动员群众以及确立政治合法性的工具。德治体制是与特定的权威联系在一起的，谢淑丽将韦伯的权威类型与特定的治理方式对应起来，她认为：克里斯玛型权威对应德治体制（virtuocracy），科层制（法理型）权威对应绩效制（meritocracy），传统型权威对应分封制（feodocracy）。[①]

在论述乡土权威与德治体制的关系问题上，赵文词（Richard Madsen）的《一个中国乡村中的道德与权力》是无法绕过的作品。该书从政治文化的角度研究了陈村的道德权威与政治秩序，并将仪式与道德话语放在国家、行动者和社区之间的互动中进行分析，揭示了社会变迁背景下的村落政治文化面貌。[②] 在这本书中，赵文词分析了儒家道德、中国共产党倡导的为人民服

① 魏沂：“中国新德治论析——改革前中国道德化政治的历史反思”，载《战略与管理》2001年第2期。
② Richard Madsen, *Morality and Power in a Chinese Village*, Berkeley: University of California Press, 1984.

务的道德品质和市场经济的实用主义道德之间的相互关系及其作用，这三种道德逻辑贯穿中国乡土社会的变迁和治理逻辑，因此对研究集体主义村落的变迁和治理具有重要的借鉴价值。

儒家道德是由差序格局的社会结构所决定的。这种道德机制把村庄视为一个共同体，乡村社区精英的行动应以符合村庄共同体的道德期待为目标。儒家道德建立在传统的家族血缘关系的基础上，其权威的建立有赖于良好的人际情感和亲属网络，它通过庇护共同体成员的利益来换取他们的认同和服从，遵循的是斯科特所说的“道义经济”模型。根据这一理论模型，乡村社区是一个具有高度集体认同感的内聚型的共同体，全体村民的安危高于个人利益，它并非要求人人完全平等，而是人人都有生存的权利。它可以通过再分配体制来达到群体生存的目的；而在危机来临时，它亦通过互惠和庇护关系提供非正式的社会保障。[①] 在这一道德机制中，权威与村民之间的关系实际等同于保护人（patron）与被保护人（client）之间的关系。儒家道德特别体现在个人利益与村庄利益发生冲突的时候，当上述情况发生时，秉持儒家道德的人们将村庄共同体的利益放在更高的位置上，在必要的时候，他们甚至可以为了村庄的利益而牺牲个人的利益。坚守儒家道德的权威是在村落社会中经过长期的互动和实践形成的，其具有内在的生命力。这些社区的道德期待又转化为地方性的规范，作为地方精英的乡绅和族长正是依托这些地方性规范来进行村落治理的。一旦社区精英违背了这一村落共同的道德期待，他也会逐步失去权威的合法性。中国共产党倡导的道德代表了中华人民共和国成立后政党政治的道德诉求，它糅合了传统的权力政治、儒家伦理以及马克思列宁主义关于政党的相关精神，并且随着时代的变迁而不断深化，它代表了国家机构对权威的道德期待，魏沂将这种权威的树立和道德的实践称为“新德治”。“新德治”主要为应对传统政治和道德所形成的民众公德意识缺失、群众凝聚力不强等问题而产生。实现集体利益，努

① 郭于华：“‘道义经济’还是‘理性小农’ 重读农民学经典论题”，载《读书》2002年第5期。

力提升民众的道德水平和道德修养，培养“共产主义新人”，以将社会改造成“美丽新世界”，是“新德治”的政治目标和政治理想。① “新德治”的实践有赖于一整套支持机制，其中“树典型”是一项重要的实现技术。“树典型”是宣传和弘扬社会价值观的重要手段，是实现社会整合和政治整合的重要手段。它通过树立典型来实现政治与社会动员、规训和奖惩，并且在一定程度上将其转化为政治资本、经济资本和社会资本，因而它也是权威实践的重要方式。

市场化改革并不意味着德治体制的消解和式微，相反地，我国社会的现代化进程把德治提到了更突出的位置，其也被赋予了新的内涵。现代化的典型特点是追求以经济发展绩效为导向的实用主义道德。这种道德不再固守于特定的价值标准，而是基于理性化的计算标准，以民众获得的具体利益来评判价值，因此具有很强的经济绩效导向逻辑。对于社区精英来说，能否带动社区致富，能否换取特定的利益，是权威能否树立的关键所在。

基于上述德治体制的视角，村庄变迁的过程实际上是道德话语转化的过程。社区和国家各有自己的一套道德话语，20 世纪的中国，儒家道德在社区中的地位发生了深刻的变化，由之前的儒家道德一统天下，变为后来的道德话语受到批判，接着在一系列的政治运动中重构了乡土社会的道德基础和文化传统，新的道德价值进入社区，由此出现了“新德治”与传统儒家道德结合的局面。市场化改革后，这两套道德话语又面临实用主义道德的冲击，进而对村庄的权威和整合机制产生了新的影响。

四、当下语境中的德治与村庄治理

德治自古以来就是乡村社会的一种重要治理机制。正如熊万胜所指出的，乡村社会秩序主要有两方面的内涵：权力秩序和道德秩序。权力秩序的核心问题是势力如何转化成合乎法律的权力；权力失序的表现是公权力不彰，灰色或黑色势力当道。道德秩序的核心问题是如何理顺伦理关系，或者

① 魏沂：“中国新德治论析——改革前中国道德化政治的历史反思”，载《战略与管理》2001 年第 2 期。

注重人际关系的伦理性的道德如何转型为对普遍规范的遵从。[①]

传统社会的德治表现为费孝通所说的“礼治”：“礼是社会公认合式的行为规范。合于礼的就是说这些行为做得对，是合式的意思。”[②]因此，礼是一套维持秩序的行为规范，但与“法”这一行为规范不同，“礼”不需要国家权力的维系，而是依赖于传统，是一类“不必知之，只要照办，生活就能得到保障的办法和价值”，或者是梁漱溟所说的“伦理本位”[③]的治理秩序。

这一以“德治”为核心的非正式制度是乡村社会治理的重要资源，相对于依靠国家正式制度的法治而言，“德治”维系了几千年来的社会秩序，实现了社会的有效治理。正如苏力所指出的：“中国现代法治不可能只是一套细密的文字法规加一套严格的司法体系，而是与亿万中国人的价值、观念、心态以及行为相联系的。”[④]亿万中国人的价值、观念、心态及行为正是中国人长期生活所积累的地方性知识，也是社会治理所依赖的文化资源，它深嵌在中国农民的生活逻辑中，具有强大的生命力和自身的运行规律。近代中国追求现代化的进程正是传统的“德治”不断消解的过程，特别是随着20世纪初的国家政权建设，原有的乡村自治体系不断瓦解，传统“德治”所依赖的宗族、士绅的社会基础不复存在，以“礼”为规范的传统道德要素也作为封建糟粕而被摒弃，“德治”在乡村社会治理中的地位也不断式微。改革开放后，中国乡村社会的“德治”遭遇了新的挑战，伴随着人口的大规模流动、市场逻辑的侵入、社会分化的不断扩大、社会价值的多元化等问题的冲击，公共精神缺失的问题也日益突出，乡村治理面临严重的信任危机。因此，当今乡村社会治理的核心问题是如何解决道德失序的困境，或者是如何重建信任和重塑乡村文化共同体的问题。正如一些学者所指出的，乡村共同体历来都是乡村实现有效治理的重要社会根基，其不仅是地域共同体，更是情感共同体、利益共同体、文化共同体，

---

① 熊万胜：“试论乡村社会的治理振兴”，载《中国农业大学学报（社会科学版）》2019年第3期。
② 费孝通：《乡土中国，生育制度》，北京大学出版社1998年版。
③ 梁漱溟：《中国文化要义》，上海人民出版社2003年版。
④ 苏力：《法治及其本土资源》，中国政法大学出版社1996年版。

它能有效地将分散的村民个体联结起来,并采取一定的集体行动。①

伴随着德治在乡村治理中的不断式微,村民自治特别是以村庄选举为主题的基层民主成为乡村治理研究的主要议题。这些研究主要关注国家权力如何建构乡村的社会秩序,如何建立对国家的认同从而达到国家治理与村民自我管理的协调并推进中国社会主义民主政治的发展②,以及如何通过自治实现乡村社会的有效治理和整合③。

虽然这一时期的研究也关注乡村的道德因素,但总体而言,德治在村庄治理研究中并没有引起应有的重视。然而,这并不意味着德治在乡村社会治理中的缺席。事实上,在中国的乡村治理中,以道德形式体现的文化要素始终都是非常重要的治理资源,这一文化要素为乡村社会构建了一套道德体系和行为规范,其引导和规制村民的行为,有效维持着乡村社会的秩序。因此,作为一种非正式制度的德治在推动乡村的自治和法治中发挥了重要的辅助作用。面对乡土传统道德要素受市场化和现代化冲击的现状,一些研究者呼吁应更加重视德治的作用。他们认为,开展德治工作,可以帮助乡村重新形成一套符合发展诉求的道德约束体系,即借助文化感召对行动者进行自我约束,进而为自治和法治工作的开展创造便利条件。④

一些地区更是开始探索将德治纳入基层社会治理体系中来。如 2013 年,浙江省桐乡市率先推出了"法治为要、德治为基、自治为本"的"三治"建设,通过构建法治、德治和自治等三类建设体系,共同促成社会治理新格局。⑤ 在这一"三治融合"的乡村治理体系中,"德治"的实现方式包括以下三个方面:一是充分发挥乡贤的作用,通过道德模范评选等方式树立乡村的道德典型,树立乡村的价值标准;二是通过开展道德讲堂、公共文化生活讲座

① 杨郁、刘彤:"国家权力的再嵌入:乡村振兴背景下村庄共同体再建的一种尝试",载《社会科学研究》2018 年第 5 期。

② 徐勇:"现代国家的建构与村民自治的成长——对中国村民自治发生与发展的一种阐释",载《学习与探索》2006 年第 6 期。

③ 吴理财:"村民自治与国家政权建设",载《学习与探索》2002 年第 1 期。

④ 王文彬:"自觉、规则与文化:构建'三治融合'的乡村治理体系",载《社会主义研究》2019 年第 1 期。

⑤ "嘉兴桐乡首创的'自治、法治、德治'写入十九大报告",载《嘉兴日报》2017 年 10 月 19 日。

等方式宣扬社会正能量；三是通过开展“四型”社会、“四好”家庭、“五好”市民等各类评比活动，树立良好社会风气。总之，这些丰富的德治实践活动充分调动了传统社会中的道德要素，弘扬了社会正气，有效地降低了社会治理的成本，是中国本土社会治理的重要资源。

乡村社会的“德治”实践也得到了党和政府的广泛认可和倡导。2017 年《中共中央　国务院关于加强和完善城乡社区治理的意见》明确提出：“……促进城乡社区治理体系和治理能力现代化……注重发挥基层群众性自治组织基础作用……充分发挥自治章程、村规民约、居民公约在城乡社区治理中的积极作用，弘扬公序良俗，促进法治、德治、自治有机融合。”党的十九大报告更是提出，要“加强农村基层基础工作，健全自治、法治、德治相结合的乡村治理体系”。此后，《中共中央　国务院关于实施乡村振兴战略的意见》也指出，必须把夯实基层基础作为固本之策，建立健全党委领导、政府负责、社会协同、公众参与、法治保障的现代乡村社会治理体制，坚持自治、法治、德治相结合，确保乡村社会充满活力、和谐有序。这标志着以“自治、法治和德治”为主要内容的中国特色乡村治理体制的形成，也表明德治作为中国传统社会治理方式的重要资源在当今的时代仍然具有重要的意义和价值，并构成了当前村庄治理的重要伦理基础，是推动乡村振兴的有效制度设计。

在这一背景下，“德治”又开始进入学者们的视野，形成了大量关于乡村德治特别是关于如何实现“三治融合”的研究成果。如邓大才研究指出，自治、法治、德治不是一个层面上的治理方式，法治、德治需要依靠其他的组织才能够实施治理，自治则可以单独实施治理。可见，自治是核心，法治是保障，德治是基础。此外，邓大才根据自治、法治、德治的运行方式对善治的类型进行了划分，指出以德治为基础的善治即“德治型善治”成本比较低，稳定性也较低，无法经受“干扰因素”的破坏，因此可以称“德治型善治”为“低成本非稳定性善治”。[①] 姜晓萍等的研究指出，“三治融合”是新时代乡村治理

① 邓大才：“走向善治之路：自治、法治与德治的选择与组合——以乡村治理体系为研究对象”，载《社会科学研究》2018 年第 4 期。

的新思维，除了自治和法治外，还需要以“德治”为乡村治理的价值维度，明确“德治精神”的红线，不断唤醒村民的共同体意识、公共理性和公共责任感。[①] 显然，在姜晓萍看来，“德治”是塑造村民公共性的重要方式，这表明“德治”被赋予了新的内涵和使命。郁建兴及其他学者指出，“三治融合”要求自治载体中体现法治与德治，法治载体中体现自治与德治，德治载体中体现自治与法治，即形成“你中有我、我中有你”的实施载体。[②] 在另一篇文章中，郁建兴等进一步阐述了上述观点，指出基层社会治理中自治、法治与德治是可以结合且必须结合的。自治是法治与德治的基础，法治是自治与德治的边界和保障，德治是较高追求，德治以自治与法治为基石，并对自治与法治形成有力补充。[③]

在关于德治的实现形式的研究中，学者们对传统乡土社会的村规民约给予了较多的关注。如高艳芳等学者建议发挥村规民约及民间组织的作用，健全乡村道德教育组织体系；发掘村规民约的现代价值，构建乡村社会道德价值体系；发挥村规民约的道德教育作用，培育乡村民众的道德文化素质；利用村规民约道德激励约束机制，建立乡村现代社会道德秩序。[④] 除了这一传统的德治要素外，一些研究更是注意到如何在乡村社会形成公共意识和公共规则进而培育村社的集体行动能力这一“德治”的新内容。[⑤]

上述关于德治与村庄发展的研究总体上是规范村庄治理意义的研究，并没有探讨德治在村庄发展中是如何被实践的。与上述研究的路径不同，本研究并不是简单地探讨德治于村庄治理的意义，而是将研究放置在具体的历史情境中，分析德治权威是如何产生的，德治权威在不同的历史时期如何通过个人的道德行为来治理村庄，以及这一道德实践在村庄治理中面临

① 姜晓萍、许丹：“新时代乡村治理的维度透视与融合路径”，载《四川大学学报（哲学社会科学版）》2019年第4期。

② 张文显等：“推进自治法治德治融合建设，创新基层社会治理”，载《治理研究》2018年第6期。

③ 郁建兴、任杰：“中国基层社会治理中的自治、法治与德治”，载《学术月刊》2018年第12期。

④ 高艳芳、黄永林：“论村规民约的德治功能及其当代价值——以建立‘三治结合’的乡村治理体系为视角”，载《社会主义研究》2019年第2期。

⑤ 贺雪峰：“如何再造村社集体”，载《南京农业大学学报（社会科学版）》2019年第3期。

着怎样的张力等。因此，本研究试图将常德盛的个人生命历程与蒋巷村的村庄发展结合起来，叙述这一集体主义超级村庄 60 年的变迁和治理故事。

第四节　研究对象和研究方法

本研究选择蒋巷村这一集体主义村落为研究对象，并基于长历史视角来分析作为村庄权威的能动者是如何在不同的历史时期推动村庄发展的。在这一研究中，对村庄发展和对村党支部书记个人生命历程的研究构成了两条并行且耦合的主线。

以村庄为研究对象是社会学和人类学的重要传统。早在 20 世纪 30 年代，吴文藻就借鉴芝加哥学派社会学的相关理论开展社区研究，并由此推动了社区研究学派的产生。为什么选择村庄为分析单位呢？张静指出："村社是一个村民权利的界定和保护单位，是一个农民所需公共物品的提供单位。正是因为这个单位的存在，村民的一些权利才能成为有效权利，而其他的政治单位目前并没有向农民提供这种权利的义务。村社权威存在并得到认同的理由，很关键的一点在于：村民假定村庄内全体成员都有权利依靠本村的资源活着，而村社有义务保障他们的这项权利。换言之，村社对村民基本权利的定义和保障单位的身份与作用，是'生产'村民归属和依赖的原因。"[①]由于中国村庄具有相对独立性，村庄的政治活动和村民的社会生活都在一个相对封闭的范围内开展，因此将村庄作为一个分析单位是具有学理的正当性的。就蒋巷村而言，此类集体村落经历了 1949 年后的集体化、家庭联产承包责任制、重走集体化道路、市场化改革、企业改制等一系列制度变迁，可以说，中国农村的所有的制度性变迁，它都经历过了，这个完整的过程对记录德治权威的形成及分析其内在的运作机制来说是弥足珍贵的。

① 张静：《基层政权：乡村制度诸问题》，上海人民出版社 2007 年版。

此外，在研究方法上，本书一定程度上借鉴了黄树民的《林村的故事》的方法，将宏观层面的社会史和微观层面的个人史有机结合起来，在叙述村庄发展史的过程中，在涉及一些大事时重点介绍常德盛在这一过程中的行动策略，特别是他个人的决策和行动是如何影响乃至决定村庄的发展轨迹的。

本书主要采用历史描述的方法记录蒋巷村从 1949 年到 2009 年这 60 年的历史变迁。之所以采用历史描述的方法，是因为德治权威在不同的时期既具有根本的连续性，又具有很大的差异性，通过历史描述，能够帮助我们理解村庄发展的深层机制。在这 60 年的发展变迁中，村庄的结构和制度都发生了巨大变迁（从集体化到市场改革，从共有产权到私有产权），但是国家与村庄的关系、权威与个人的关系却没有发生根本性的变化。如果不理解集体化时期村庄的情况，就无法理解市场化改革时期村庄发生了什么事。采用历史描述的方法，也有助于我们更清晰地把握什么是常量，什么是变量。

本书的具体研究方法主要分为两种。第一种是收集村庄现有的文献资料。这些资料包括村庄档案室保留的内部资料、《任阳镇志》和若干已经出版的关于常德盛及蒋巷村的文章、书籍与报道。这些资料让笔者在进入村庄之初就能对村庄有一个总体的把握，为理解村庄的发展变迁提供了线索。

第二种方法是人类学的田野调查法，这也是本书主要的研究方法。笔者从 2007 年第一次进入蒋巷村后，先后 6 次到达蒋巷村，累计进行了 8 个月的田野调查。尽管蒋巷村是最适合的研究对象，但真正进入村庄并与村干部和村民建立起比较深厚的关系却并不容易。相对而言，笔者进入田野是非常顺利的。在马汉民老师的帮助下，我们以农村养老课题组的身份进入蒋巷村。虽然蒋巷村每年都要接待大量领导、媒体人和学者，但却很少有学者长期驻扎在村里做田野调查。常德盛对我们的研究表现出了极大的宽容。他说，蒋巷村的任何问题都可以研究，不管是好的还是坏的，并表示希望能从我们这里得到一些批评建议，这样对他们未来的发展才更有意义。常德盛每天的工作特别忙碌，这增加了我们访谈的难度。这或许可以解释为何在集体主义村落的研究中较少去讨论个人权威与村庄的关系，其中一个很重要的原因是，在此类村落中访谈这些权威并不是一件容易的事。幸运的是，虽然工作非常繁忙，但常德盛个人开放的性格和宽阔的胸怀使得笔者能够有机会与他接触，并随时就一些棘手的问题向他提问。在几个月的调查中，笔者和村民建立了广泛的联系，并和一些村民确立了良好的关系，这些都对笔者获取村庄重要的一手资料有很大的帮助。在调查中，笔者与三分之二的村干部进行了较为深入的访谈，并分别访谈了老年、中年、青年三个不同年龄段的村民共 50 多人。

虽然有常德盛的大力支持和村民的积极配合，但笔者在蒋巷村做调查时还是遇到了一些困难。存在困难的主要原因是，村庄高度工业化，大部分村民在工厂里工作，这使得他们很少有时间接受较为深入的访谈。在蒋巷村，年轻的村民几乎都在工厂里上班，每天清晨 6 点钟以后，村庄里就已经空荡荡了，村民们晚上 5 点下班后就进入自己有围墙的小别墅里，时间的分割和空间的隔离使笔者很难真正去接近这些年轻的村民。对老年人的访谈同样存在困难，在蒋巷村，只要是 70 岁以下的健康老年人，几乎都参加工作。最初，村民对笔者这一外来者存有一定的疏远，在接受访谈时，他们使用的话语和表述都高度相似，因此调查获得的信息量相对较小，调研的推进也非常缓慢。随着调研的深入，笔者与村民逐渐熟悉起来，并建立了进一步的信任关系，他们也逐渐敞开心扉，提供了更多富有价值的信息。

第五节　研究思路和结构安排

本研究尝试通过介绍一个村庄 60 年的发展变迁，分析集体主义村落发展和治理的内在逻辑，特别是德治权威是如何形成及如何治理村庄的。为了阐述上述问题，本研究主要从三个维度进行分析。

1. 制度是如何变迁的。超级村庄 60 年发展变迁的过程同时也是制度不断发展变迁的过程，从再分配制度到市场化改革，再到企业改制，这是一个制度不断调整的过程。这一变迁势必对国家与村庄的关系，权威与村民的关系产生重要影响。因此，制度变迁是本书叙事的一条主要线索。

2. 国家与村庄的关系。村庄的发展变迁是被嵌在国家宏观历史变迁结构中的，国家的制度和力量形塑着村庄的发展轨迹，村庄也对其进行了积极回应。因此，国家与村庄的互动和博弈过程贯穿于村庄发展的全过程。

3. 权威与村民的关系。权威与村民的关系是理解德治权威的核心环节。村庄权威和村民之间是面对面的非正式关系，传统的道义伦理和现实利益是理解村庄权威与村民关系的重要支点。权威的生产、强化和再生产、权威的延续及张力显现是不同时期村庄权威与村民之间不断互动和相互建构的结果，这其中包含了利益、情感和权力等各种复杂的要素。

整本书分为六章。

第一章即本部分。本部分主要对已有的关于集体主义村落的研究进行系统的梳理，总结关于此类村庄研究的四个范式，并在此基础上分析既有分析框架的不足，即没有对在村庄发展中具有决定性作用的村庄权威——最为核心的变量进行重点的分析。为此，本书借鉴社会学、人类学和政治学对权威的研究，建立了德治权威与集体村落的分析框架。

第二章是对村庄现状和历史沿革的介绍。这部分内容介绍了村庄的区位、人口、社会经济、社会组织、婚姻制度以及村庄的历史沿革。对村庄现状进行介绍主要是为了帮助读者了解超级村庄的基本面貌——这是一个经济高度发达、福利优厚、产业结构完整的村庄。本研究指出，蒋巷村并非天然就具有发展集体主义的条件，进而引出德治权威对村庄发展的意义。

第三章主要介绍了集体化时期村庄的权威和治理。这部分主要介绍蒋巷村从1949年社会制度的重大变革到实行家庭联产承包责任制的发展变迁。这一时期的中国农村社会发生了剧烈的变迁，从解放战争到土地改革，国家力量以前所未有的力度深入农村基层社会，并且推动形成了集体主义的生产和经营模式。与一般村落不同，蒋巷村的常德盛凭借个人的道德模范行为逐步成为德治权威，成为推动村庄发展的重要变量。这一章重点介绍了权威是如何生产及村庄集体意识是如何形成的。

第四章主要介绍了市场化转型后的权威与村庄治理。市场化转型意味着市场作为一种全新的力量介入农民生活。作为一种结构性的力量，市场对村庄权威和治理结构都会产生重要的影响。这一章主要介绍了德治权威是如何在村庄市场化转型中延续的，以及是如何通过村庄工业发展实现集体主义超级村庄的。

第五章重点介绍了企业改制后的治理及超级村庄面临的张力。改制是村庄面临的另一个重要的结构变迁。这一章主要分析改制后的德治权威如何延续，特别是其如何从个体化道德转化为村庄的共识性道德。此外，德治也面临结构性、制度性和情感性等三重张力。

第六章则是对研究的小结和讨论。通过对超级村庄从 1949 年到 2009 年的发展变迁的介绍，进一步讨论了德治体制与村庄权威的内在关联，并在此基础上对中国农村的集体主义道路进行了初步探讨，对发扬集体主义精神、加强农村基层党组织建设和增强村民的主体性及公共精神培育提出了建议。

第二章　从饥贫遍野到人间天堂：蒋巷村的历史沿革

第一节　村庄区位和格局

全国文明村　　蒋巷村是隶属于江苏省常熟市支塘镇的一个行政村，位于中国江苏省东南部、长江的西南岸，距常熟市中心36公里。蒋巷村处于常熟、太仓、昆山三市交界处，东与常熟市的丰联村毗邻，南和太仓市的勤力村、昆山市城北村隔河相望，西至昆山市石牌同心村，北接常熟市任南村。由于蒋巷村距离太仓和昆山较近，当地人戏称“这里一声鸡叫，三个市都能听到”。蒋巷村原属任阳镇，2003年，常熟市为了精简机构，扩大区域规模经济效应，进行了乡镇合并，将原支塘镇、任阳镇和何市镇合并，建立了新的支塘镇。此后，支塘镇对辖区内的行政村也进行了合并，全镇的村合并成15个村和3个社区。经过这次并村后，蒋巷村成为支塘镇面积最小的村庄。蒋巷村本身距省道、国道较远，交通并不十分便利，锡太、苏太两条公路夹境而过

（村庄的具体区位见图 2－1）。

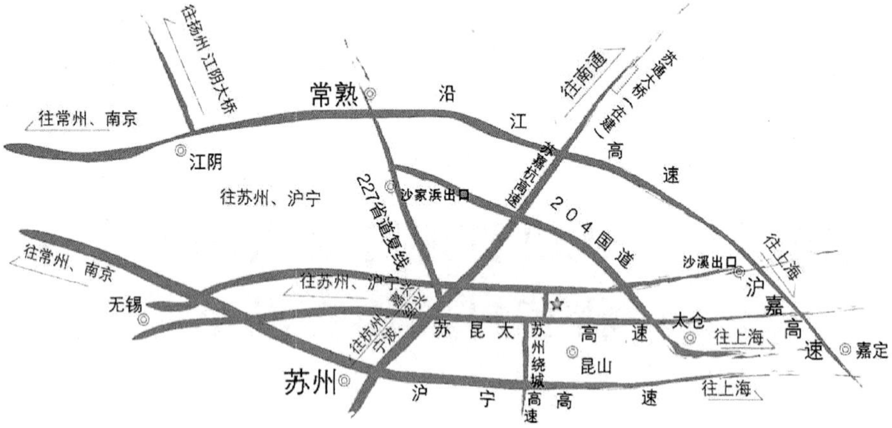

图 2－1　蒋巷村区位图

与华西村、南街村等集体主义村落相比，蒋巷村村域面积不大，全村面积为 3 平方公里，村庄原有耕地 1 700 亩。1949 年后，蒋巷村于 70 年代末和 90 年代中期经历了两次大的村庄规划与统一建设。经过这两次规划与统一建设，蒋巷村形成了今天的基本格局。经过规划后的蒋巷村形成了工业、农业、旅游业、生活区等功能分明的村庄，形成了“蒋巷生态园、常盛工业园、村民新家园、农民蔬菜园，无公害优质粮油生产基地”四园一基地的格局。

蒋巷生态园在村庄的东面，它是蒋巷村乡村旅游的主要基地，总面积为 680 亩。生态园里有展现江南农村面貌的江南农家民俗馆、展示蒋巷村村史变化的展览馆与展示根雕盆景艺术的蒋巷农艺馆，有高效农业示范园和生态果园、动物园、中小学生实践基地，有原生态耕作方式的蔬菜种植基地，还有科普教育展示区、农家乐餐饮服务区、水上公园以及渔乐垂钓、游戏娱乐等活动区。另外，蒋巷生态园还有 1 200 亩无公害优质粮油生产基地，这一基地是国家级新农村建设综合科技示范项目之一，它通过集约化经营、良种化培植、标准化生产、生态化管理，实施收种管全程机械化耕作。这些无公害优质粮油生产基地的农业产出的其中一部分通过开发系列产品在市场上销售，另一部分则分配给村民。

常盛工业园区在村庄的东北面，工业园区由四个主体企业构成，总占地面积为 600 亩。村民新家园是蒋巷村村民的生活区，里面包括别墅区、商业贸易区、文化娱乐区、老年公寓区、蒋巷宾馆和村委会办公楼等几部分。蒋巷生活区已经形成了村民安居、商业贸易、文化教育、医疗卫生、休闲娱乐、农贸集市、宾馆度假、行政办公等方面配套的服务体系，村民们的生活需要在村里就能很便捷地得到满足。整个蒋巷生活区占地面积为 200 亩，其中包括 186 套村民别墅和 158 套老年公寓。此外，为了满足村民们在房前屋后有一块自留地用来种菜的需求，村民新家园中还包括 25 亩集中的农民蔬菜园，每户家庭均能分得 1 分（约 60 平方米）菜地。

第二节　村庄的人口与社会经济

在人口规模上，蒋巷村只是一个小村庄。根据 2008 年的统计数据，蒋巷村由 12 个村民小组构成，共 186 户村民，总人口为 835 人，其中 60 岁以上的老年人约占 27％，80 岁以上的老人不到 5％。由于该村有第二产业和第三产业，因此该村庄从周边村庄和外地招聘了一些员工，这些外来常住人口为 142 人，他们享受企业的相关待遇，如企业规定的各类社保等，但是不享受村庄的任何福利。在调研时我们发现，这些外来常住人口主要住在工业园区的宿舍，他们虽然对村庄的情况有一些了解，但并没有很好地融入村庄。

蒋巷村的在册劳动力有 524 人，其中从事农业生产的有 43 人，从事工业生产的有 326 人，从事批发零售、交通运输、餐饮服务等第三产业的共 143 人，从事各类管理工作的有 12 人。从事农业生产的主要是村里的几个承包大户和一些年纪较大的农民，大部分中青年居民都在村里的工厂和旅游公司工作，在旅游公司从事导游与后勤服务的主要是村里“80 后”和“90 后”的年轻人。

作为全国文明村，蒋巷村的经济实力非常雄厚。2008 年，全村地区生产总值增加值约为 1.86 亿元，其中农业增加值为 152 万元，工业增加值为 1.79 亿元，第三产业增加值为 526 万元。工业增加值中，个体工业增加值为 82 万元；村集体经营性总资产为 8 705 万元，村集体经营性净资产为 6 395 万元。2008 年，村庄实际入账收入为 1 654.1 万元，其中直接经营收入为 297 万元，本年度发包和上缴收入为 547.1 万元（几个主体企业上缴收入为 500 万元、资产租赁收入为 46.5 万元、土地租赁收入为 0.6 万元），上级政府补助收入（以财政转移支付的方式）为 195 万元，专项资金为 615 万元。村集体收入为 1 052 万元，当年村庄可支配收入为 823 万元。除了村庄经济实力强劲外，村民的生活也非常富裕，2008 年，全村农民平均年收入为 1.9 万元，而当年全国农村农民平均年收入为 4 761 元。

从上述村庄的产业结构和就业结构数据中我们不难看出，与其他集体主义村落相似，蒋巷村已不再是传统意义上的农村了，虽然该村仍然保留了农业，并且农业也已经高度现代化，但是无论是农业的产值还是从事农业的人数所占的比重都非常低。工业是该村的核心产业，这不仅是因为村庄的主要经济产出来源于工业企业，更重要的是，村庄的发展轨迹、村庄的荣誉、村庄的福利等都依赖于工业产出。村庄的工业企业的员工主要是本村的村民，他们实现了“离土不离乡”。从某种程度上来说，今天的蒋巷村已经是“城市化”的村庄了。

从表 2－1 中，我们可以更清晰地看到蒋巷村的经济发展和农民生活水平的变迁趋势。在 20 世纪 70 年代，蒋巷村的社会总产值和人民生活水平都还非常低，全村的集体资产只有 6 万元，人均年收入为 118 元，处于温饱水平，这一境况到了 20 世纪 80 年代也没有发生很大的改变。村庄的真正腾飞则是在 20 世纪 90 年代后伴随着村庄成功发展工业后才实现的。当时，蒋巷村整体上仍然是以农业为主的，村庄的年末集体资产累计为 182 万元，但是到了 2000 年后，集体资产则达到了 1 亿元，人均年收入达到 8 500 元，真正成了集体主义工业强村。

表 2 - 1　蒋巷村的经济发展及人民生活水平变化

年份	社会总产值/万元	集体资产年末累计额/万元	人均国内生产总值/元	人均年收入/元
1970	20	6	148	118
1980	65	24	657	331
1990	527	182	1 038	1 421
2000	17 088	10 000	42 057	8 500
2010	113 700	13 000	224 600	22 100

蒋巷村的经济发展主要经历了三个阶段，用蒋巷村村民的话来说，就是“农业起家、工业发家和旅游旺家”。农业起家是蒋巷村发展的起点，在一个自然条件较为不利的村庄，年轻的村党支部书记凭借着大无畏的奋斗精神带领全村村民平整土地，冒着种种风险将双季稻改为单季稻，最终在农业发展方面取得成功，蒋巷村也在当地开始小有名气。在这一时期，村庄的产业主要是农业和零星的个体手工业。1978 年，全村的工农业总产值为 56.82 万元，其中农业总产值为 52.92 万元，工业总产值为 3.9 万元。到了 1983 年，工业总产值为 12.72 万元，仍远低于农业的 49.97 万元。在农业起家阶段，蒋巷村最令人印象深刻的并不是农业的产出，而是在这一时期建立起的集体荣誉感。

工业发家是蒋巷村发展的第二个阶段。1984 年，蒋巷村逐步和其他地区的农村一样开始实行家庭联产承包责任制。实行分田到户并不意味着蒋巷村已经完全去集体化了，因为该村还是保留了一些集体资产。这一时期的村庄在常德盛书记的带领下开始发展村庄工业。但蒋巷村的村庄工业发展并不顺利，他们选择的产品不仅附加值低且没有市场，雪上加霜的是，在这一过程中，他们还遭遇了市场欺诈、企业倒闭，村庄发展一度陷入困境。不过，在各方的支持下，他们最终渡过难关，20 世纪 90 年代后，蒋巷村以钢结构起家，成功创办蒋巷集团，蒋巷村的经济才获得突飞猛进的发展。到 1993 年的时候，全村 95%的农民从事第二、第三产业，农田则由本村大户承包耕种。虽然在工业快速发展的同时蒋巷村也没有放弃农业，但是在经济结构上已经明显地呈现工业主导、农业为辅的发展特点，工业的迅速发展为村庄积累了大量的发展资金，为改善村庄的各项福利和提升村民的收入水平提供了坚实的经济保障。

旅游旺家是蒋巷村发展的第三个阶段。2004 年后，蒋巷村的主体企业常盛集团采用买断的方式进行改制。买断为村庄提供了大量的发展资金。企业改制并不意味着村庄集体经济的瓦解，这一时期，60 多岁的常德盛带领村民开始了第三次创业。在经过认真的行业分析之后，他们选择了乡村旅游业，而这是一个需要较大投资的产业。蒋巷村将企业改制的资金投入旅游业发展中去，累计投资了 1 亿元进行村庄规划。在整合农业资源的基础上，蒋巷村专门成立了旅游发展有限公司，积极发展农业生态旅游。如今，旅游业逐渐成为蒋巷村的一个新的经济增长点。2007 年，村庄全年接待游客 10 万多人次，旅游和宾馆收入超 600 万元，蒋巷村也被确定为全国农业旅游示范点。至此，蒋巷村开始农业、工业、旅游业“三条腿走路”的发展模式。据统计，2008 年，蒋巷村三大产业的比重分别是 0.8∶96.4∶2.8。在三大产业的从业人口中，从事农业生产的有 43 人，从事工业生产的有 326 人，从事第三产业的有 155 人。

以上内容简单追溯了蒋巷村的人口结构和经济发展历程。我们从蒋巷村的发展中发现如下特点。首先，蒋巷村已经不是一个典型意义上的农业社区了，无论是从村庄经济结构、村民的就业结构还是村民的经济收入来看，蒋巷村都已经明显具有了工业主导的特点。其次，村庄的集体经济积累依然非常巨大。在过去几十年的经济发展中，村庄已经积累了大量的财富。虽然村庄的集体企业于 2004 年进行了改制，但是改制后的企业依然为村庄提供了强大的资金支持，特别是在进入 21 世纪后进行的第三次创业，使得蒋巷村形成了新的股权制的集体经济。再次，蒋巷村的人口结构一直保持稳定。相对于其他地区而言，苏南地区的农民生育意愿一直不足，再加上蒋巷村很好地执行了国家的计划生育政策，村庄的主体人口一直没有发生变化。最后，强大的村庄经济实力为村民的高福利提供了可能。蒋巷村把长期以来村庄发展的资金用于村庄统一建设和村民福利，这使得今天的蒋巷村更为整齐有序，并成为全国新农村建设的样板。

第三节　村庄的组织网络和社会生活

大量的关于集体主义村落的研究表明，传统的家族关系是集体经济发展的社会基础。这些村庄在发展集体经济时，将市场嵌入家族关系网络，并且形成了强大的家族政治，村民在这种家族关系网络中实现身份认同，彼此间守望互助。因此，传统的家族关系网络为村落共同体成员提供了庇护。同时，在这种家族关系网络中，那些能人通过支持其他村民而获得在社区中的声誉，并由此树立起高度的个人权威。一些学者也注意到，在乡村工业化时期形成的一些新集体主义村落，已经不具备传统的家族关系网络的特点了，但是基于传统村落共同体的合作、互助、庇护关系仍然非常顽强地存在着。因此，从家族观念中延伸出“泛家族意识”，整个村庄也演变成“泛家族式”的集体化组织。①

上述研究提醒我们，在研究集体主义村落时，村庄中传统的家族关系网络是一个重要的考量因素。不过与大多数的集体主义村落略有不同的是，蒋巷村基于血缘而形成的家族关系网络是非常脆弱的。这首先是因为蒋巷村是一个典型的“移民村落”，姓氏包括蒋、徐、平、张、陈、王、黄、常、孙、祝、冯、郑、姜、任等，在这样一个仅有800多人口的小村庄里，基于姓氏而形成宗族力量几乎是不可能实现的，而基于家族关系的集体行动更难以形成。在这些姓氏中，主要的姓氏是蒋、徐、平、张、陈、王，这些姓氏的村民是蒋巷村的本地村民，大概占了该村总人口的一半，而其他姓氏的村民大多是1949年前从外地迁移过来的。据村民们说，蒋巷村的移民来自5个省20多个县，他

---

① 王颖：《新集体主义：乡村社会的再组织》，经济管理出版社1996年版。

们主要是从苏北以及安徽、河南等经济落后的地方逃荒而来的。这一移民村落形塑了村庄的开放性，由于他们大多是不同时期的迁入者，因此相对来说不太具备排他性。其次，由于苏南地区生育率普遍较低，家庭规模非常小，普遍以3～4口之家的核心家庭为主，缺少大家族的力量，因此不存在公产、祖产等公共资源。最后，村民间的横向联系相对较弱，家族的凝聚力和认同感也不强。由于缺乏关于村庄的社会记忆，这里的村民们无法告知调研组略微久远的村庄历史。大多数居民能告知的是，他们的父母辈在不同的时期逃荒至此，发现有荒废的土地就在此盖茅草屋定居。因此，蒋巷村这一村落长期以来更多是以自然形态呈现。据村民们介绍，蒋巷村在历史上并没有宗族组织，再加上人少地多，村民们往往分散居住。一个生产队一般十几户人家，村民间的互动相对较少，因此村庄在很长的时间里都缺乏自主性，这使得他们在面对国家推动的社会改造时具有更强的适应性。

如果从蒋巷村的传统社会关系网络基础来看，这样的村庄实际并不利于发展集体主义经济。由于村民之间的互动性和认同感较弱，导致村庄的组织动员能力也很弱。特别是由于1949年以前基层政权建设的失败，村庄更多的只是一个地理区位概念，几乎不具备开展有效集体行动的能力。这种集体行动能力的缺乏使得当地农民长期以来无法组织实施一些公共性的大型项目。常熟任阳地区由于地势低洼，经常会遭遇各种自然灾害，这种社会组织网络和动员能力的缺失使得村庄很难有效地抵御自然灾害。在调研时，村民们对1949年前回忆的印象也主要是各种饥荒、灾害。这一情况在1949年后党的组织动员下才出现了根本性的转变。

虽然村庄层面的共同体力量非常弱小，但这并不意味着亲属关系网络会缺席。据村民们介绍，过去他们遇到难以解决的事情时总是会寻求亲属的帮助，这种帮助往往能使他们渡过各种生活的危机。此外，农民之间换工、互帮互助等互惠行为也是提供社区支持的重要方式。而直到现在，这种传统依然保留下来，并且比过去更为强大。这种基于亲属关系网络的互助合作界定了社群成员的权利和义务，并作为村社准则在一定程度上形塑了乡村社会的基本秩序。由于熟人社会内的成员之间拥有稳定而长远的预期，使得村社内可以共享一套相似的价值理念，久而久之，这种价值理念就成为社区的道德准则，而这种道德准则无论是对村庄权威还是对村民来说，都具有很强的约束力。

关于村庄的社会生活，有两种社会现象是需要被提及的。一个是当地婚姻形式的变迁，特别是一种被当地人称为“两家合并”的婚姻形式的兴起；另一个是规格特别庞大的农村“随礼”。这两种社会现象已经成为当地老百姓生活的重要内容，并且对他们的生活观念、家庭决策及生活安排都产生了重要的影响。

蒋巷村的家庭结构以核心家庭为主，几世同堂的大家庭寥寥无几。特别是在年轻人追求独立和个性的背景下，他们更倾向于与父母分开居住。村庄根据村民们的生活习惯和居住偏好，专门为老年人建造了与子女分开的老年公寓。在苏南农村，农民们长期以来的生育意愿相对不足，他们重男轻女的观念也非常淡薄，再加上 20 世纪 70 年代时被严格执行的计划生育政策，这里自 20 世纪 70 年代中期以来出生的人口已普遍是独生子女了，而到了 20 世纪 80 年代初，新出生的人口则基本上都是独生子女。相对而言，蒋巷村对计划生育政策的执行更为严格，从实施该政策以来，全村只有一户家庭超生。人口结构的变化使得婚姻形式也发生了变化。“合并婚姻”模式成为一种重要的选择。“合并婚姻”本质上是农民应对因计划生育政策而导致的独生子女家庭未来养老问题的对策。所谓“合并婚姻”，用当地农民的话说，就是两家合并为一家，而不是所谓的迎娶或出嫁。合并婚姻对传统的婚姻安排来说是一次重大的挑战。传统的婚姻安排需要礼金、嫁妆等一系列内容，而合并婚姻则没有上述内容。合并婚姻也打破了过去从夫居或者从妻居的安排，而是两头跑，在居住安排上有了相当大的弹性。但具体选择在哪一方居住，则在很大程度上受家庭内部权力结构和双方经济实力的影响。从目前的情况来看，由于女性在家庭中日益占据主动的地位，所以一般在女性家庭中居住的时间要更长一些。当然还有一些村民的居住选择与他们的工作地点密切相关，一般他们会选择离自己工作地点近的一方居住。在蒋巷村，目前选择“合并婚姻”模式的家庭已经有 10 户左右，而且那些即将进入婚姻的家庭也纷纷表示有意愿采取这种形式。

与其他婚姻形式相比，合并婚姻最本质的要求是年轻夫妻有照顾双方父母的义务。在当地农民看来，如果把女儿嫁出去，或者让儿子到别人家去入赘，这时候就要收取一定的礼金，同时也就意味着“免除”了养育自己的义务。这里的“免除”当然是农民观念意义上的，用当地农民自己的话说，即使嫁出去的孩子以后不照顾自己也是合理的。但是，合并婚姻则不同，不管孩子在什么地方居住，他们都应该照顾双方的父母。合并婚姻是最近十几年的事情，从目前来看，实行合并婚姻的家庭，父母的年龄尚在 50 岁到 60 岁之间，还具有相当的劳动能力，没有面临非常紧迫的养老问题。因此，目前我们还无法评估这种婚姻安排对农村家庭养老的影响。但是在访谈中，农民们已经表现出了相当大的担心，特别是那些经济条件相对较差的家庭，这使得他们对社会养老以及集体组织的社区养老抱有更高的期待。

随礼是中国农村一种普遍的社会交换行为，也是村民之间的横向连接方式。人类学对这种随礼现象进行了大量的研究。如阎云翔对黑龙江省下岬村礼物流动的研究发现，社会主义平等化与礼物交换强化之间有内在关联，并认为“社会主义的平等主义反讽性地刺激了普通村民去参与礼物交换的愿望，并使交换竞争的重要性更加突出”[①]。因此，随礼是建构和修正他们的关系网络并调整他们的人情伦理的重要方法。

与其他地区相比，苏南地区农民的随礼现象具有一个显著的特点，即随礼数目非常庞大。在当地农民的生活开支中，被他们称为“吃酒”的随礼一般能占到他们家庭收入的 30％～40％，这显然是一笔不小的开支。在当地村民看来，“吃酒”在很大程度上已经不是纯粹的通过礼物交换提供社会支持了，而是更具有炫耀性的讲排场的意涵。

① [美] 阎云翔：《礼物的流动：一个中国村庄中的互惠原则与社会网络》，李放春、刘瑜译，上海人民出版社 2000 年版，第 227—230 页。

由于经历集体化的农民家庭普遍没有财富的积累，因此单靠一个家庭无法承办较大规模的婚丧喜事，这时他们就采取了一种被称为“搭会”的策略。所谓“搭会”，一般是由一个人牵头，询问其他关系较好的朋友或亲戚是否愿意入会，如果对方也表示愿意，则搭会成功，此时牵头的人就要办一桌酒席，请几个入会的朋友一起吃饭。搭会成功后，其中一个家庭需要帮助时，其他家庭会向其提供帮助。“搭会”虽然有点类似向其他家庭借贷的意义，但两者之间仍然有本质的不同，那就是建立了一种较为稳定的社会支持网络。“搭会”在20世纪80年代初期较为突出，这一时期兴起了一个建房高潮，单个农民家庭没有能力承受建房带来的经济压力，于是他们就通过“搭会”的方式来进行互助。

从20世纪90年代以来，这种以提供社会支持为主要功能的“搭会”发生了较为明显的变化，其核心内容是，其目的由提供社会支持变成了具有竞争性和攀比性的讲排场。首先，随礼的规格发生了变化。根据当地的习俗，嫡系亲属在婚姻嫁娶方面的随礼可能要达到数千元甚至上万元。这种随礼标准给经济条件不好的家庭带来了很大的压力。随礼规格的提高主要是为了“讲排场”“讲面子”。其次，随礼的场合越来越多，过去传统的随礼项目包括结婚、丧事、盖房和生病四项。最近十年来则发展到了孩子出生、十周岁、三十周岁等都要办酒席，而且一般办一次酒席要耗资数万元不等。“搭会”的这种转变是市场体制下村庄收入逐步分化的结果，从互助性的支持到竞争性的攀比，也反映出农民行为逻辑的转变。显然，这种转变也反映了农民之间内在关系建构方式的变化，一定程度上也影响了村庄的整合方式。

第四节　村庄历史沿革

关于蒋巷村的由来，村里流传着一段民间传说。传说清乾隆四十五年（1780年），时任福建台澎观察使兼学政的常熟人蒋元枢奉旨出巡台澎，船队在渡海时遇险。蒋元枢对天许愿，若能安全归乡，则置田千顷，广招难民，免租百年。霎时，出现两只飞鸟于前方引路，蒋公之船成功避难。后来，蒋元枢回到常熟，想起台澎遇险之事，于是买下土地，广招难民，承诺免租百年。朝廷闻听此事，为表嘉奖，下圣旨："凡双凤乡姓蒋者，免税百年。"于是难民纷纷前往，改为蒋姓，结庐建村，世人称蒋家巷埭，简称蒋巷。这一民间传说很好地体现了蒋巷村的社会人口特点以及乡民的社会心理，即蒋巷是一个移民村落，主要是由贫困的难民组成，缺少深厚的历史和传统根基，贫穷的乡民期待朝廷免税以减轻生活压力。

蒋巷村有官方记载的历史非常短。1949 年年初尚没有蒋巷村，当时为任南乡黄米村，1956 年 3 月并入(原)任阳乡，并更名为蒋巷高级农业生产合作社。至此，蒋巷村才有了正式的村庄建制。人民公社初期，蒋巷与外泾、吴巷合并为九大队；1959 年下半年建立国有农场，蒋巷为第六管区；1960 年年底撤销农场恢复大队建制；1983 年，在恢复乡村建制时更名为蒋巷村。虽然蒋巷村作为一个建制村落的历史非常短，但是这一地区的村落发展变迁却具有悠久的历史，这一历史过程对理解蒋巷村今天的发展仍然具有重要的意义。因此，下面我们将追溯村庄的历史沿革。

根据《任阳镇志》记载，常熟在商代时称勾吴。西晋太康四年(283 年)，虞乡建立海虞县。晋成帝六年(330 年)，海虞县东南置双凤乡，辖任阳村。梁大同六年(540 年)，以南沙之地置常熟县，因土地肥沃、"故岁常熟"而得名。而当时的任阳隶属于常熟县双凤乡辖地。元代时常熟升为州，明初复降为县。清代因为人口众多，税收任务繁重，曾分为两个县：常熟县和昭文县。1911 年，常熟、昭文两县合并为常熟县，全县设 35 个乡。任阳与石牌(部分)合并为(原)任阳乡，此年是任阳正式列入乡级建制的始年。

太平天国运动重构了长江中下游地区国家、精英和农民的三方关系，极大程度上瓦解了农村社会秩序。① 战争使江南地区的人们纷纷逃亡，田亩抛

① [美]白凯：《长江下游地区的地租、赋税与农民的反抗斗争(1840—1950)》，林枫译，上海书店出版社 2005 年版。

荒，这使得苏南地区一度地广人稀，劳力稀缺。据统计，1820 年，常熟地区人口数为 37.79 万人，而到了 1865 年，人口数仅为 21.35 万人。[①] 清政府在镇压了太平天国革命之后，令地方督抚“设局招垦”，两江总督马新贻甚至提出“无主之田招人认垦，官给印照，永为世业”的建议，这对无地少地的农民具有很大的吸引力，移民浪潮于是而兴。[②] 大量荒地尤其是无主地产的存在，是农民取得土地产权的一个有利条件。他们通过购买或垦荒，成为拥地“十余亩而止”的“自种自食”的自耕农民。

太平天国运动也改变了江南地区的土地关系。江南地区人少地多直接吸引了大量移民，移民来自江苏、安徽、河南等各个省份，不过苏北移民是这一地区的移民主体。江苏省以长江为界，长江以北称为苏北，长江以南称为苏南。苏南和苏北长期以来具有不同的自然环境。黄河夺淮之后，苏北区域的地理环境发生了巨大的变化，苏北地区的自然地貌被改变，原有水系被破坏，土壤盐碱化，土地生产力严重下降，以致苏北“无年无灾，无灾不酷”。民国时期的苏北更是以酷灾闻名，那时出现了大量的饥民。而江南地区土地肥沃、人少地多正好满足了移民的需要。这些移民陆陆续续从苏北渡江到苏南讨生活，他们或举家迁过来，或先由某个家庭成员过来打探，待生活安定之后再把其他家庭成员迁过来。在蒋巷村，从苏北移民过来的村民占村庄总人口的一半左右，因此移民社会组织是这一村落的基本特点。

自晚清以来，地方政权建设一直是国家与社会关系的重要主题。[③] 太平天国运动之后，清政府更是以前所未有的力度来干预地方事务。自进入 20 世纪以来，地方建制的更迭则几乎成了这一时期农村变革的主要叙事。

宣统二年（1910 年），清廷推行地方自治，始建任阳乡，设乡自治公所，隶属于江苏省苏常道第三行政区，由县议事会委任乡董，主管乡行政。1927 年废董事制，改乡自治公所为行政局，设局长，主管全乡行政。1929 年 8 月，常

① 李文治：《中国近代农业史资料：第一辑（1840—1911）》，生活·读书·新知三联书店 1957 年版。
② 池子华：《中国近代流民》，社会科学文献出版社 2007 年版。
③ ［美］杜赞奇：《文化、权力与国家：1900—1942 年的华北农村》，王福明译，江苏人民出版社 2003 年版。

熟被定为一等县，全县被划分为15个区。任阳、白峁属峁阳区（又名红豆区，区公所设白峁），废行政局重称乡自治公所。乡以下设闾，闾下设邻，5户为一邻，5邻为一闾，分设邻长、闾长。

1934年4月，县政府改划行政区，将原15个区划为8个区。是月，全县推行保甲制，废止闾邻制。原则上10户为一甲，10甲为一保，分设甲长、保长。任阳建11个保，任南建7个保。同年4月，撤乡建任阳镇，改属第八区——唐市区。

1945年8月，抗战胜利，常熟县政府于当年11月撤销伪置区划，恢复战前8个区的建置。虎丘、吴巷重新归并任阳乡，仍隶属于唐市区。1948年5月，全县再次撤区，82个乡镇缩并为57个，任阳与石牌部分地区并为戚浦镇（镇公所设石牌）。1949年2月，全县改划为6个区，戚浦镇更名为任阳镇，但任阳与石牌之间的行政事务未有明确划分。

晚清以来，基层政权的频繁更迭和国家政权试图改造乡村基层社会侧面反映出国家政权试图逐步进入基层社会，且通过不同的组织形式和政权体制来实现对乡村社会的控制和管理的事实。但正如查尔斯·蒂利所指出的，国家政权建设的主要目标是实现政权的官僚化和合理化，为军事和民政而扩大财源。乡村社会为反抗政权侵入和财政榨取而不断斗争，国家为巩固自身权力与新的“精英”结为联盟。①

就常熟地区而言，频繁的建制变迁在一定程度上反映出这一时期国家政权建设的失败。虽然国民党政权已经将政权组织建设范围扩展至村庄，但正如费孝通对苏州市吴江区开弦弓村的研究所指出的，它只是一个有名无实的空架子。与此同时，政权建设通常还处于这样一种尴尬的境地，即在修正案还处于讨论之中，另一个影响到地方政府的体制却已经开始实施了。费孝通指出，真正的问题并不在于这个法律和那个法令之间的法律性斗争，而在于地域群体早已开始发挥传统职能的事实能否被这种专横地创造出来

① [美]杜赞奇：《文化、权力与国家：1900—1942年的华北农村》，王福明译，江苏人民出版社2003年版。

的保甲所改变。原先的闾邻制并不严格，但已被实践证明是行不通的。那么，这种更为严格的保甲制度更不可能行得通。因此，总体而言，行政权力对自然村落的渗透非常有限，政府的职能主要体现在抽壮丁、征钱粮两项。当时的国民党政府对散漫的农民和各自为政的村落毫无办法。

中华人民共和国成立后，党和政府积极推进基层政权建设，基层治理体制特别是行政建制也在不断变迁，经历了早期的乡村体制、人民公社和乡政村治等不同的阶段，体现着国家政权与基层社会之间的各种形式的互动关系。

早期的乡村体制主要是指从 1949 年到人民公社前期，经历了小乡时期、中乡时期和大乡时期等不同阶段。

第一个时期是 1949 年初的小乡时期，此时正式建立了村级建制。1949 年 4 月，常熟解放。同年 5 月，(原)常熟县人民政府成立，全县设 7 个行政区，49 个乡镇，保留保甲制，蒋巷为任阳东一场四十都六保。1950 年，(原)常熟县进行乡建制调整，全县划分为 14 个区，辖 218 个乡、2 164 个村，废除保甲制。蒋巷被划归任南乡，章浜、蒋巷、黄米泾、徐巷 4 个自然村被合并为黄米泾村。从此，蒋巷正式列入村级建制，黄米泾村是初设村级编制时的称呼。

第二个时期是 1956 年的中乡时期，即任阳和任南两个小乡合并为任阳乡，改属支塘区管辖，但这一时期非常短暂。

第三个时期是大乡时期。1957 年，常熟县撤区并乡，任阳被列入全县 44 个大乡。同年，黄米泾村四个初级社合并为任阳乡第七高级社。

1958 年后，中国农村治理进入人民公社时期，实现了国家对乡村社会的完全控制。1958 年 10 月，建任阳人民公社，实行政社合一。黄米泾、吴巷、外泾等三个高级社被合并为一个生产大队，人民公社化后被列入第九生产大队。1959 年下半年，划出第九生产大队、第十生产大队、第十一生产大队建立国有农场，设 7 个管区。1960 年，农场被撤销，恢复原大队建制。1962 年，任阳公社 11 个大队改设为 19 个生产大队。此时，黄米泾村改名为蒋巷村，又称蒋巷大队，这是因为蒋巷地处村之中心，人口和耕地均多于徐巷、黄米泾及章浜等自然村。蒋巷大队下设10个生产队。

20世纪80年代后，人民公社体制逐步被瓦解，中国农村进入了乡政村治阶段。1983年，在恢复乡村建制时，蒋巷、徐巷、黄米泾及章浜四个自然村被合并为任阳乡蒋巷村。之后，任阳乡虽历经多次行政区划调整，蒋巷村村名及辖区未有变动。1993年2月，蒋巷村所属的任阳乡撤乡建镇，故该村改称为任阳镇蒋巷村。2003年4月，支塘、任阳、何市等三镇经两次合并，形成新的支塘镇，任阳镇蒋巷村改称为支塘镇蒋巷村。

从上述村庄历史的发展变迁中我们可以看出，村庄的变迁史也是中国农村基层政权制度的变迁史。这一变迁提醒我们，在研究村庄时必须将其放置于国家制度变迁的整体视角下，理解国家力量是如何塑造村庄发展轨迹，以及村庄又是如何做出回应的。

第五节　天堂并不美好：昔日的蒋巷村

宋朝时期，全国经济重心南移，陆游称“苏常（州）熟，天下足”，宋人进而美誉为“上有天堂，下有苏杭”，而苏州则“风物雄丽为东南冠”。明清时期，苏州成为“衣被天下”的全国经济文化中心之一。今天的苏州地区依然是全国经济最发达的区域之一。据2008年苏南地区的经济统计数据显示，在全国的百强县中，苏州市的昆山市、张家港市、常熟市、吴江市、太仓市分别位于第2、3、4、6和13位。用“人间天堂”来形容这一地区的富庶程度的确名副其实。

从地理位置上来看，蒋巷村刚好位于三个县的交界处，可谓天堂中的天堂。当然，从前文对蒋巷村的经济情况介绍来看，我们称蒋巷村是人间天堂也并不为过，然而根据当地村民的介绍，过去的天堂并不美好。埃里克·沃尔夫(Eric Wolf)和鲍威尔(Powell)对农村权威关系的研究提醒我们，要理解村庄权威和集体村落的形成机制，就必须从农民切身的生活处境出发。因此，简单追溯 1949 年前甚至更远一点儿的历史中当地村民的生活状况是非常有必要的。根据《任阳镇志》的记载和当地村民的描述，我们得知，在过去 100 年的历史中，频繁发生的自然灾害和疾病是困扰当地民众的两大主要问题。

常熟市地形以平原为主，境内河湖密布。根据《任阳镇志》记载，常熟市地势低洼，而蒋巷村所在的任阳镇（现为支塘镇）是全市地势最低的地区，全镇的平均地面高程仅为 3.2 米，最低的为 2.8 米，最高的也才 4.3 米。蒋巷村地处长江水系和阳澄湖水系交汇处，高程为 2.4～2.8 米，为常熟全市地势最低地段。此外，任阳界内河巷纵横，水域面积占全镇面积的 12.25%，年平均气温在 15℃左右，年降雨量在 1 050 毫米上下。全镇四周，除了三四个村各有一块陆地与邻乡接壤外，其他均临水。全镇有吴塘等 15 条界河环绕，共长 25.05 千米。镇级河道指流经两个行政村以上的河流，共 26 条，总长为 49.95 千米。由于周边河沟水渠广布，这里的村庄命名都与“水”有关，村庄命名普遍带有“泾”“桥”“溇”“滨”“湾”等字。

低洼的地势和星罗棋布的河道导致常熟一带在历史上水灾频繁。据明代《常熟水利全书》记载，“本区尤称低瘠，土地十荒八九，百姓死徙过半”；“一遇淫雨，东南太仓高田之水向东入海，七丫口淤塞，而倒灌西流，致令清浑交会，湖海接涨蓄潴，任阳受患不浅。昔雨湖海交会之冲，筑斜堰大闸，以障湖水，堰东之地，尚可耕种，今大闸已毁，诸流汇集，任阳之田，成为巨浸”。①

到了民国时期，这种水涝灾害达到最高潮，几乎每隔 3 到 5 年就要发生一起重大的水灾。《任阳镇志》记录了几起特别重大的水灾。民国十年夏，河水暴涨，低洼农田尽成泽国，屋内水深多至 3 尺，大水历久不退。至 10 月 6 日才开始退水，灾情严重。之后，民国十二年、十七年分别发生了重大水

① 任阳镇志编纂委员会：《任阳镇志》，中共党史出版社 1996 年版。

灾。更为严重的是民国二十年七八月间，长江中下游发生特大水灾，常熟7月份降水量约为433.5毫米。白茆塘部分决口，农业生产损失严重。民国三十年，水灾发生次数有增无减，民国三十五年、三十六年、三十七年连续发生了重大水灾。1949年7月，更是发生了百年罕见的重大水灾，在连续下了半个月的雨后，江河水位猛涨，台风、暴雨、狂潮齐袭，江堤决口，全县溃河232处。任阳堤塌坝毁，田野一片汪洋，灾情严重。蒋巷村村民更是用"小雨白茫茫，大雨成汪洋"来形容当地特殊的地理环境和自然灾害的影响。除了水灾外，这一时期的旱灾也时有发生。根据《任阳镇志》记载，蒋巷村在民国二年、二十一年、二十三年和三十一年都发生了非常严重的旱灾。

水涝灾害对当地的农业生产也造成了严重的影响。当地的农业生产历来以种植水稻为主，在部分高田也种植三麦、油菜。由于地多人少，而且耕种者病弱较多，因而这里的土地大多采用粗放式的耕作方式。再加上地势低洼，土地对自然灾害的抵抗能力极弱。任阳地区素有"九年三熟"之称，据当地村民介绍，1949年以前，他们的水稻亩产徘徊在100公斤左右，即便是少数相对能抵御自然灾害的高田也只收200公斤上下。三麦产量始终处于低水平，在当地农村中，早有"麦不过石"之说。民国期间，本地小麦亩产一般不超百斤，油菜籽亩产只有七八十斤。自然灾害和粮食低产使得当地村民长期以来生活在类似詹姆斯·C.斯科特所说的"齐脖深的水中"，稍有小的风浪，村民们的生活很快就会陷入困境。

除了频繁发生的水涝灾害外，血吸虫病是危害当地老百姓生活的又一个灾害。由于地势低洼，蒋巷村到处荒滩浊水，这为钉螺滋生提供了场所。至于血吸虫病发于何时，当地并没有确切的记载。据《常熟市志》记载，明朝时期就有关于"蛊胀病"的记录。在民国时期，常熟是苏、浙两省17个血吸虫病的流行县之一。根据蒋巷村里的老年人口述，他们的父祖辈在童年时期，就经常见到不少身体瘦削却腹部鼓胀的病人了。到1957年的时候，血吸虫病更是极为肆虐，据记载，当时村里有一半人因此病而死亡。

恶劣的自然条件已经让当地的农民生活在难以生存的边缘，而国家、地主和佃户三方之间的拉锯战更是让农民随时处于崩盘的境地。历史学家白凯对长江中下游地区从1840年到1950年地租、赋税与农民的反抗斗争进行了详细的研究。白凯通过研究指出，在这一百多年间的长江中下游地区，国家、地主和佃户三方之间的关系发生了极大的变化，主要表现是，国家权力以前所未有的程度介入地租关系中，国家与佃户之间的关系是双重的：一方面，官员千方百计地逼迫佃户交租；另一方面，佃户也殚精竭虑地限制官员加诸他们头上的负担。相应地，在地租征收中，江南农民视国家为侵略者，但是在地租调整中，却视之为自身利益的潜在保护者[①]。此外，商业机会以及城市生活的惬意吸引着大量土地所有者进入市镇和城市，这些进入城镇的农民与佃户之间的关系变得越来越疏远。随着商品化的不断发展，地租和赋税的征收也越来越普遍地以折征货币的形式进行，更多的农民被拉入了市场经济。自然灾害再加上市场剥削，这一时期农民的生活非常悲惨，农民被逼入随时会进行反抗的境地。

回顾这一地区的历史变迁，我们可以发现蒋巷村经历的历史巨变，从20世纪上半叶的贫穷落后到成为今天的人间天堂，这一变化是几代蒋巷人共同努力的结果，这也从侧面反映出中国农村的伟大变革。如果从村庄权威与集体村落的形成过程来看，1949年之前的蒋巷村是一个低度整合的村庄，由于当时国家政权建设的失败，这里并没有形成真正强有力的村庄公共权威，这就导致村庄无力组织公共事业，因而无法抵御各类自然灾害。此外，作为一个移民村落，村民之间的横向联系也非常弱，虽然个体以及有限的亲缘网络仍然能够发挥作用，但却无法形成具有内在组织力的村庄共同体。在这种情况下，生存逻辑是主导农民行为的主要逻辑，基于生存逻辑而形成的村庄道义伦理成为村庄最主要的社会规范，这些规范影响着村民的日常生活实践，也影响着村庄公共权威的形成。

---

① ［美］白凯：《长江下游地区的地租、赋税与农民的反抗斗争（1840—1950）》，林枫译，上海书店出版社2005年版。

第三章　农业起家：农业集体化及德治权威的形成

R. H. 托尼在描写 1931 年中国农村状况时写道："有些地区农村人口的境况，就像一个人长久地站在齐脖深的河水中，只要涌来一阵细浪，就会陷入灭顶之灾。"[①]1949 年前的蒋巷村无疑就处于这一境况中。国民党政权建设的失败、移民社会组织的缺失以及地主与佃户间矛盾的激化，是这一时期当地社会结构的基本特征，对生活在这一社会背景下的农民来说，寻求一个强大的社会力量的庇护是他们的迫切愿望。1949 年之后，中国共产党重塑了乡村的社会结构，不仅改变了村民们的生存处境，更是改变了村庄的发展轨迹。

---

① 转引自詹姆斯·C. 斯科特(James C. Scott)：《农民的道义经济学：东南亚的反叛与生存》，程立显、刘建等译，译林出版社 2001 年版。

第一节　从解放战争到土地改革：重构乡村社会

由于国家政权建设的失败，1949年前的蒋巷村一直处于艰难的生存境地中，贫困、饥荒和疾病构成了村民们普遍的社会记忆。村里流传着“一斤黄金一斤谷，一天一顿糠菜粥，脸黄肚大皮包骨，三更半夜有人哭”这样的歌谣来描绘这一时期的生活惨景。据一些年纪大的村民介绍，蒋巷村在自然条件方面比其他地区差，因此人们的生活也更加悲惨，这里是远近闻名的“野人村”“光棍村”。由于缺乏有效的社会整合和有力的村庄权威，所以村庄几乎不具备集体行动的能力。在这样的村庄里，以满足生存为目标的行动逻辑主导着农民的行为，同时也是他们普遍的道德期待。因此，如何重组乡土社会、解决历史遗留的“烂摊子”则成了中国共产党进行基层政权建设的首要目标。

对国民党政权的痛恨以及对生活的期待使得江南一带的农民积极投身到解放事业中去。1949年4月21日，中国人民解放军发动渡江战役，4月23日解放南京，4月27日解放苏州。其实早在1925年，共产党就已经在常熟成立了党支部，并带领当地农民发动多次武装斗争。共产党在苏北地区的土地改革使当地的贫困农民认识到，共产党是他们的大救星。在国民党统治的最后几年里，通货膨胀严重、自然灾害频发，强制征兵和苛捐杂税更是使得他们不得民心，其横征暴敛的种种行径也使得国民党在民众心中失去了合法性。1949年4月27日，常熟解放，社会各界代表热烈欢迎新时代的到来。

对蒋巷村这一以贫困移民为村民主体的村落来说，社会制度的深刻变化让穷困的村民看到了生活的希望。77岁的姚守礼说，1949年他们全家三口从上海移民到了蒋巷黄米村，并从隔壁的吴巷村租了10亩免地租的地来种，他们是无产阶级，因此对常熟解放特别兴奋。他说：“共产党就是和国民党不一样，共产党不敲农民的竹杠，而国民党总是要剥削农民。"同样是贫农的常德盛对小时候的经历记忆犹新，他说："我至今还记得非常清楚，解放军到这里来的时候，我才5岁。一位解放军叔叔摘了一个桑葚给我，从那时起，我就知道共产党是全心全意为人民服务的，是来拯救我们穷苦老百姓的。"拯救这些贫困的底层农民是新的政权建立自身合法性和群众基础的基本要求。

1949年后，共产党面临的首要任务是基层社会的重建。1949年3月5日，毛泽东在中共七届二中全会上指出，在以后的南方新解放区，"党和人民解放军的任务是在城市和乡村中消灭国民党的反动武装力量，建立党的组织，建立政权，发动民众，建立工会、农会和其他民众团体，建立人民武装力量"。在常熟解放后，军事管制委员会开始接管国民党政府的区、乡(镇)政权，并建立了任阳乡人民政府。1950年3月，任阳乡分建为任阳、任南两个乡，并废除了保甲制，建立乡、村二级政权。

首先是重建新的乡土社会组织体系。由于这一地区基于血缘的宗族关系网络本身非常脆弱，因此并没有面临如何打破传统家族关系网络的问题。党逐步在这一地区培育了新的权力组织网络和地方精英，建立党的基层政权。与传统的文化权力网络不同，这一新的权力组织网络主要是由贫困的农民组成，形成了党组织、贫农协会、民兵组织、妇女协会、生产队等各种正式的组织体系。这一组织体系成了新政权领导和管理乡土社会的主要力量。

其次是通过土地改革恢复和发展生产。土地是乡土社会管理制度和关系网络的经济基础，是农民的经济命脉，土地制度决定了乡土社会的阶级关系，也影响了村庄里的公共权威的形成方式。中央人民政府在完成政权建设后，很快就发动了对农村社会的改造运动，其中最先进行的是土地改革。1950年2月28日，中央人民政府政务院发出《关于新解放区土地改革及征收公粮的指示》(以下简称《指示》)：1950年秋后，在江苏、浙江、安徽等地，凡准备工作已经充分，群众的觉悟和组织已经达到应有水平的地区，由各省人民政府实行土地分配的改革。该《指示》还规定，所有新解放区在实行土地分配以前，应一律实行减租。1950 年 6 月，中央人民政府颁布《中华人民共和国土地改革法》，此后建立乡、村两级农民协会，并广泛开展废除封建土地所有制的宣传。

1950 年 10 月，轰轰烈烈的土地改革在（原）常熟县全面展开，土地改革的目的是消灭地主经济、实现“耕者有其田”。同年 11 月，土地改革工作队进入蒋巷村，这些土地改革工作队从唐市区统一到每个乡，然后下派到村庄。土地改革工作队首先清理整顿中华人民共和国建立初期成立的农会组织，发动贫雇农、中农入会，农会主要负责土地改革的各项工作，如丈量土地等，通过土地改革运动，封建土地所有制被彻底消灭，传统的农村宗法关系也被改变。

国家推动的这场土地改革运动实现了社会的平等，并形塑了乡土社会中新的道德规范。这种道德话语主要包括不平等是不合理的社会制度的产物，新的社会就是通过革命来破除不平等的社会制度以及基于传统型权威基础上的伦理规范。正如阎云翔所指出的，国家在集体化时期通过开展各种政治运动，发动了对父权、男性中心主义以及传统家庭观念的批判，并通过推进集体主义使农民将其忠诚的对象从家庭转移到集体国家。在此过程中，国家不仅推动着私人生活的转型，而且改变了乡村社会的道德世界。①

土地改革是党对中国村庄进行的第一次大规模的改造，也是中国农村社会经济变迁的起点。土改打破了传统的社会结构，贫农等当时的社会下层人民在新社会中获得了新生，他们都用“翻身”来形容自己的命运。从某种意义上来说，土改的经济意义是有限的，它并没有从根本上改变贫困农民的生活处境。土地改革改变了土地的占有情况，但是没有从根本上改变土地的使用情况，传统的耕作方式、生产工具、劳动的组织方式都没有发生变化，贫困依然是当时生活的主要问题。

土地改革的政治和社会意义极为重大。正如张乐天所指出的，“土地问

① ［美］阎云翔：《私人生活的变革：一个中国村庄里的爱情、家庭与亲密关系（1949—1999）》，龚小夏译，上海书店出版社 2006 年版。

题是农村社会中最重要、最敏感、最棘手的问题，农民与土地的关系构成了农村社会的一对基本关系，这一关系制约着其他各种关系，甚至影响着农民的情感和村落文化”①。土地改革造就了一个更为平等的社会，原先地主士绅阶层的经济基础发生了改变，因而这一精英阶层作为一个阶层不复存在，国家—精英—农民之间的关系转变为国家与农民之间的关系。这强化了国家与农民的直接联系，国家的各项政策得以在基层快速推行。

贫农对土地改革的心理和情感意义也不可被忽视。对处于生存逻辑驱动下的农民来说，如何保障他们的生存权利是他们对新政权的道德期待。因此，当农民们开始拥有自己的土地的时候，他们感觉自己实现了翻身，这种感受又进一步转变为对党的支持。农民们最朴素的感受是共产党是代表贫农的，是一心一意为农民服务的，因此应该支持共产党所进行的各项运动。即便一些运动可能会触碰部分群体的利益，但是从长远来看还是为了农民的福祉。

农民的这种情感在此后党对农村的治理方面发挥了至关重要的作用。土地改革后，常德盛一家在蒋巷村青龙堰分到14亩地，他对共产党充满了无限感激。常德盛说：“共产党就是全心全意为人民服务的，就是为我们贫苦老百姓打天下的。”这种朴素的情感转化成他对共产党的无限忠诚，并成为指导常德盛此后几十年工作的价值准绳。即便在今天被问到为什么他能够坚持一心为公时，他仍然抱有最初的朴素情怀。他说：“我们做干部的不能忘本，要知道感恩。我以前是贫农，共产党来了让我当上了村干部。”那些和常德盛一样分到土地的人也对共产党充满感激。姚守礼说，土地改革后他们一家分到了10亩农田，这10亩农田原本是他们免费租种吴巷村村民的农田，现在他们获得了土地证。他说：“共产党就是我们的救星。”

在中华人民共和国成立以前的历史上，虽然国民党政权建设日益深入农村社会，但是正如在第二章介绍蒋巷村的历史沿革中我们所看到的那样，

① 张乐天：《告别理想：人民公社制度研究》，上海人民出版社2012年版。

其政权建设几乎是失败的，虽然国民党试图将政权扩建到村，但是它并不具有实际意义。在国民党最后几年的统治中，国家如同一个空壳子，它已经完全失去了组织动员能力。当地的农民更多地处于一种原子化的生活状态中，若要理解农民的生活状态，国家并不是一个很重要的变量。而当共产党以轰轰烈烈之势迅速地完成解放战争和土地改革后，乡土社会的社会结构内部发生了重要的变迁。因此，我们如果要理解农村的发展变迁，就必须把国家纳入分析的中心，以此分析国家如何改造了社会，农民是如何与国家互动的。而国家与村庄的不同互动模式和关系结构也形塑了村庄不同的发展品质。

第二节　强制的集体与村庄的回应

中华人民共和国成立后，党虽然在农村地区快速地建立了基层政权组织并实现了土地改革，但是并没有在农村建立一个集体主义的经济和社会管理体制。土地改革后，国家推动了持续 30 多年的集体主义管理体制，这一集体主义是基于国家整体发展需求而被动员的，并伴随着农民们的自愿和配合而得以实现。

蒋巷村作为一个传统宗族关系较弱的村庄，长期以来缺乏集体主义体制赖以支撑的社会基础和心理认同，虽然家庭之间的碎片化和自发的互助合作是普遍存在的，但是这种互助合作主要基于乡土社会传统的伦理道德而存在，与国家主导的集体主义具有迥然不同的条件和实现过程。集体主义的条件和实现过程主要体现在以下几点。

首先是集体主义的经济基础，即建立起生产资料的集体所有制。生产资料的产权安排决定了生产的经营组织模式。通过建立以土地为核心的各类生产资料的集体所有制，即将个体的农民与集体联系起来，使农民在经济上对集体形成依赖关系，这是农村集体主义得以普遍实现的根本原因。

其次是集体主义的组织形式和分配模式。国家主导的集体主义经济社会管理体制实际上是一套"全能主义"的体制，这一治理体制高度依赖村干部这一村落权威来组织。这一体制给予了村干部动员、组织和安排村民生产与生活的权力，使村干部掌握了分配与再分配村庄资源的权力，村干部成了国家制度和政策的执行者。这一体制将村庄作为一个整体来发展和治理，要求农民具备更强的纪律性和组织性，因而需要形塑农民新的行为方式。

最后是集体主义的价值理念和道德标准。在集体主义体制下，国家倡导大公无私、弃小家顾大家的集体主义精神，这一价值理念将个人家庭的利益与国家的目标联系在一起。

显然，这一集体主义治理体制涉及经济基础、社会基础、组织基础和心理基础等全方位的变革。一方面，这一治理体制是嵌入传统乡土社会结构之中的，特别是对一个破败、濒临瓦解的乡村社会而言，通过国家强制的集体化道路快速地实现了村庄整合，从而实现依靠个体家庭无法完成的村庄建设，这使集体化在推行过程中没有遭到村庄的激烈抵制。但另一方面，这一治理体制又与传统乡土社会的生产方式、生活方式和道德伦理都有很大的差异，特别是平均主义的分配方式扭曲了激励机制，国家倡导的大公无私的意识形态道德和小农追求的自身私利的生存伦理道德不可避免地产生了深层的冲突，这也是集体化道路在乡村社会实践中遭遇困境的重要因素之一。总之，这一时期的集体化道路是在国家强制和乡村配合的基础上而实现的。

一、从互助组到人民公社：集体的生产

土地改革只是党对中国农村社会进行改造的第一步，土地改革使得国家力量开始介入农民的日常生活。土地改革对农村社会的改造主要是政治性的。在经济上，虽然农民掌握了土地的产权，具有自主经营的权力，这在一定程度上激发了农民的生产积极性，但是传统的生产方式并没有发生大

的变化。特别是对于蒋巷村这种传统的小农经济而言，其面临自然灾害时的脆弱性并没有被根本地改变，因此土地改革并没有很好地改善村民们的生活水平。对于当地的小农而言，更为迫切的是如何建立一种互助合作的支持网络。土地改革后，国家决定推动经济组织方式的改造，即推行农业生产合作化。

农业生产合作化首先是从改变农业生产经营方式开始的。农业生产合作化运动的第一步是互助组。在中国农村中，族人、亲朋好友、邻居之间的互助合作是一种较为普遍的方式。特别是在农忙时节，村民们通过交换劳力、劳动工具等方式实现互助合作，且这已成为一种传统。在传统的乡村社区内部，基层的民众基于生存和生活的需要，早已存在以家庭或个体为基础的“乡土互助圈”。[①] 但是，互助组显然与农民之间自发的互助合作有本质的区别。正如吴毅所指出的，互助组是国家倡导的结果，而农民互助合作是其自发行为。[②] 但由于互助组仍然接近村落传统，因此很容易推行。

1952 年春，在乡政府的引导下，农村这种固有的换工方式发生了变化。1952 年夏秋之交开始，蒋巷村以自愿互利为原则，发动农民建立临时性互助组、季节性互助组和常年性互助组。临时性互助组的形式是，每届农忙则由5～10 户组成以工换工互助组，帮工时多数是由本家供饭。季节性互助组在夏、秋两忙时建立，两忙结束后就解散。组长掌握各户生产情况与要求，安排劳动，农活儿先干，报酬后结。临时性互助组主要是相互盘工代耕，以工还工，农民们形象地将这种互助形式称为“春组织，秋解散，来年春耕再入伙”。1953 年后，蒋巷村开始将临时性、季节性互助组发展成常年性互助组，这种互助组的特点是组员稳定、骨干较强、劳动效率及效益均高，并且能够获得更多的政府扶助，如缺乏耕牛、农具或资金不足的互助组可优先得到贷款或其他帮助。年终按各户投入资金、劳力、畜力的多少结算分配。

① 周荣：“中国传统社会晚期的‘乡村互助圈’与农村社会保障——以两湖地区为中心”，载《近代史学刊》2007 年第 0 期。

② 吴毅：《村治变迁中的权威与秩序：20 世纪川东双村的表达》，中国社会科学出版社 2002 年版。

互助组的形式是受到农民欢迎的。在政府推行互助组之前，村民之间横向的社会联系很少，互助主要限于具有血缘关系的亲戚之间。一些有经济能力的家庭可以到外面去请短工帮忙，而贫雇农则完全要依靠自己。互助组打破了这种观念，如果你是穷人，那么大家相互帮助，共同打理农活儿。互助组在某种程度上改变了农业的生产组织方式。蒋巷村人少地多，因此这种互助方式对推动农业生产具有重要意义。蒋巷村共有 20 多个互助组，姚守礼担任其中一个互助组的组长。互助组组长的职责是带领大家干活儿，互助组实行民主管理，组内在生产用工及耕牛、农具使用等方面坚持自愿互利、等价交换原则。互助组制订用工项目换工细则，民主评分，分阶段结算，年底一次结清，误工、开会则不给工分。这种互助组是原先小农基于亲缘关系而形成的互助合作的升级版，其内在的组织程度并不高。由于互助组的管理方式并没有很大的强制性，而且也没有打破原先的社会关系网络，因此当地的村民并没有抗拒这种组织形式。

显然，互助组与国家想要实现的集体主义的目标相差甚远，组织化更强的合作社运动开始推行。合作社又分为初级农业生产合作社(简称初级社)和高级农业生产合作社(简称高级社)两个阶段。1953 年冬，任阳乡汤家村大凤湾及歧泾村童公溇农民率先建设合作社，分别命名为“红星农业生产初级合作社”和“金星农业生产初级合作社”。之后，全乡逐渐掀起建社高潮。蒋巷村在 1954 年成立了初级社，很多农民至今还能清晰地回忆起拿着土地证入社的情景。初级社与互助组相比已经有了重要的变化。农户的土地入社，耕畜及大型农具私管公用，由集体付给租金，而小型的生产工具则由农户自己保留。在分配方式上，社员按体力强弱、技术高低评工记分，各项农活儿根据难易程度、技术要求高低及数量、质量等因素进行民主评议及定额。生产收益扣除成本，提留公积金、公益金和管理费用后，按土地分红 45%、劳动分配 55%的比例来分配，此后改为 4∶6。在结算方法上，从全年总收入中扣除购买种子、肥料、牛饲料的费用及农具租金后，以社员投入的土地股和劳动量计算出每股、每工应得金额，而后归户分配。因此，初级社已经向集体所有制迈出了重要的一步，已经具有半社会主义性质了。

初级社不仅改变了农民的生产管理方式，更为重要的是，村庄开始初步形成集体主义组织形态。蒋巷乃至常熟这一地区大多缺乏宗族性的社会组织，移民是这一地区的主要社会构成，长期以来，这里的农民过着小农的生活，虽然他们通过婚姻等社会方式结成了各种关系网络，但家庭依然是一个经营核算的基本单位，这种状态使得村庄的组织动员能力极弱，根本无法组织大型的项目，而农业合作社改变了这一状况。对于这一地区的农民来说，“集体”是一个全新的事物。过去农民以家户为单位从事生产经营活动，农民是“小资产阶级”，而农业合作社则需要农民加入集体生产经营劳动中去，更为重要的是，农民需要在思想观念上改造自己，培养集体意识，摒弃小农的私心，全心全意为集体服务。“集体”的生产并没有很快地促使农民产生集体意识，但是集体的生产组织方式却实实在在地存在了。在初级社中，生产劳动由生产队队长指挥，生产队队长大多是过去互助组的组长；劳动以工分的形式进行年终分红，因此对农民来说依然具有很大的激励作用。

很快，初级社上升为高级社。到 1956 年 2 月，蒋巷村的初级农业生产合作社上升为高级社。进入高级社之后，社员的土地除少量自留田外均归集体所有，实行按劳分配的原则，耕畜及大农具折价入社，分期还本，一并于年终结算。此时，土地私有制也转为公有制，高级社已经具备社会主义性质。公有制导致公私区分的出现，在生产队中，家庭住房及住房内的一切用具都是私人的，自留地是国家允许私人耕种的，其余的都归集体所有。1956 年，任阳、任南合并为任阳乡，共建 8 个高级社。次年 9 月，撤区并乡，原徐政乡被划并入任阳乡，高级社增至 11 个，共 3 699 户，1.28 万人，分成 147 个生产队，总耕地面积为 5.12 万亩，其中 2 100 亩划给外乡人耕种，乡内尚有 3 000 亩可耕地荒废。

1958 年 8 月 29 日，《中共中央关于在农村建立人民公社问题的决议》（以下简称《决议》）在中央政治局扩大会议上通过。为贯彻该《决议》精神，1958 年，常熟全县均已建立人民公社。同年 10 月，撤销任阳乡建制，成立任阳人民公社，原有的高级农业生产合作社改为农业生产大队，大队设党支部。任阳公社下设11个农业生产大队，1个渔业生产大队，农民成为光荣的社员。人民公社始建时，实行“政社合一，工、农、兵、学、商五位一体，农、林、牧、副、渔五业结合”。在劳动体制方面，实行“生产管理集体化、组织军事化、生产战斗化”，公社建团、大队编营，生产队为班排。为了便于集中管理，村庄被统合起来，即小村的村民搬迁到大村中。常德盛说，那个时候他们一家一直处于不断的搬迁过程中。土地改革前，常德盛一家住在马沙村，距离青龙堰有3千米，平时从事生产很不方便，全家就在青龙堰沿河的田埂边用泥块和草建了3间泥草房，并于1955年举家搬迁至青龙堰，从此正式落户蒋巷村。但落户蒋巷村后，从1955年到1962年，短短的7年间，他家总是因为各种规定而经常性地搬迁。1958年，由于吃集体食堂，实行“大兵团作战”，他们举家又搬到了重江村。1959年，“大兵团作战”结束，他们又回到了青龙堰，仍住在那3间泥草房内。1960年年底，常德盛一家倾多年积蓄买了700块砖，在老屋的原址上重新打造土墙，盖了3间正屋和1间灶房，从此正式安定下来。

人民公社是一种新的政社合一的社会管理体制。人民公社采取“三级所有，队为基础”的组织原则，这一组织原则在某种程度上与乡土社会的社会结构相契合，从而在短期内能够快速实现。正如R.麦克法夸尔指出：“生产队作为集体所有制的基本单位，仍保持着某种格局，使之与传统乡村生活的社会形态、地方化的亲族关系网及邻居关系相适应。”①

大公社体制很快遭遇了严重的危机。大公社制度以生产大队为基本核算单位，生产队向生产大队包干。生产大队核算制度具有严重的弊端，其中最为重要的是瞒报粮食实分。1960年11月3日，中共中央向全国农村党支部发出了一封《关于农村人民公社当前政策问题的紧急指示信》，要求“坚决反对、彻底纠正‘一平二调’的共产风，提出‘以生产队为基础’的三级所有制

① ［美］R.麦克法夸尔、费正清：《剑桥中华人民共和国史　下卷　中国革命内部的革命　1966—1982年》，俞金尧等译，中国社会科学出版社1992年版，第677页。

是现阶段人民公社的根本制度，从1961年算起，至少7年不变。生产队是基本的核算单位，生产经营管理的权力，应该主要归生产队”。同时，它要求“公社和作为公社派出机关的管理区不要统得过死，不要乱加干涉，公社的生产计划应该建立在生产队的生产计划和生产小队的包产计划的基础上”①。1961年冬，根据中共中央《农村人民公社工作条例（草案）》（即“农业六十条”）规定：“生产队范围内的土地，都归生产队所有。”“集体所有的山林、水面和草原，凡是归生产队所有较为有利的，都归生产队所有。”此外，各种生产工具也都归生产队所有，并且各大队划出5%～7%的土地，按人口重新分给社员作为自留地。1962年11月，遵照《关于改变农村人民公社基本核算单位问题的指示》，实行三级所有制，队为基础，以生产队为基本核算单位，改变了建社初期以生产大队为基本核算单位的做法，进一步纠正了“一平二调”的错误。

面临这样的矛盾和冲突，国家通过强制力量迅速地将分散的、小规模的合作发展演化为人民公社的集体经济。这一时期也产生了一些集体主义村落，如大寨村在国家的推动下成了全国的学习样板，但是在蒋巷村，农民们并没有确立起关于集体主义村落发展的目标和意愿。

土改和集体化运动对村庄的政治、社会结构的改变都产生了重大的影响。这场变革重构了村庄的组织网络，使其从原先松散的、基于血缘关系的互助关系走向了基于阶级关系的合作，因此不可避免地冲击了村庄的文化惯习。这场由国家推动和主导的制度变革在乡土社会的实践并非一帆风顺，其面临着村民的不解甚至一定程度的抵制。不可否认，今天蒋巷村所形成的集体主义村落形态与这场国家推动的集体化运动有着不可分割的关系。人民公社时期所建立的集体主义制度遗产与今天各种形态的新集体主义和后集体主义都有着某种路径依赖的关系。然而这场国家推动的乡村集体化运动并非一蹴而就，它的实现依赖于乡村社会的配合，因此是一个不断

① 张乐天：《告别理想：人民公社制度研究》，上海人民出版社2012年版。

互动和重构的过程。在这一过程中，逐步登上蒋巷村政治舞台的党支部书记常德盛发挥了不可替代的核心作用。

二、集体经济与公共权威

集体主义的经济和治理体制改变了乡村社会的权力结构，集体化使得社员隶属并依附于集体，集体拥有了对社员庇护的权力，从而形成了庇护主义的制度关系。1949年之前，虽然农村也存在农民依附于村落共同体，而雇农更依附于地主的现象，但是正如奥伊所指出的，社会主义的庇护主义是一种全然不同的社会结构。[①] 这一制度性的庇护关系主要体现在两个层面：国家与村庄的关系，村干部与村民的关系。而这两个层面具有紧密的联系，从某种意义上来说，前者是后者的基础。

（一）国家与村庄的关系

人民公社这一新的组织形式形塑了新的国家与村庄的关系，这一体制将政府职能与公社管理合并起来。在组织方面，人民公社变得更具有综合性，它的职能包括农业生产、政治、教育、商业、工业及军事等多种职能，成为全能性的组织。为了方便管理，公社又分为生产大队，生产大队下面又设生产队。公社是一个核算单位，而生产大队和生产队仅仅是生产组织和分配单位。从制度结构上看，人民公社是最基层的国家代表，而生产大队和生产队是村庄的代表。生产队作为最小的生产单位，在制度安排上必须依赖于公社和生产大队。这是因为，生产队对土地的产权关系是不完整的，虽然名义上土地归生产队所有，但是生产队无权出租和买卖土地。公社和生产大队也不拥有土地的最终产权，因为它们只有不同程度的经营使用权。这种制度安排使得国家可以随时介入农村的生产经营管理中。农业生产的经营管理包括对农业的生产性指令和计划控制，即对农产品的生产、分配和消费环节进行严格的控制，以及对集体所有权做出种种限制性规定等。吴毅指

① Jean C. Oi, *Communism and Clientelism: Rural Politics in China*, World Politics, 1985, Vol. 37, No. 2.

出，人民公社内部的三级组织之间，是一种上下级的行政隶属关系，这种行政权力与经济组织浑然一体的“大一统”管理模式，原来属于村庄内部各家各户的经济权力，包括对土地和产品的支配权，实际上，最终集中到国家层面。①

除了在制度上形成这种新的国家与村庄的关系外，党还在组织上确保了对农村的领导，也就是在农村建立基层支部。党支部的职能无所不包，大队权力的运用主要是指党支部权力的运用。党支部的权力包括为其他组织制定大政方针，对其他组织下达工作指令。大队的权力集中于党支委，而党支委包括支部书记、大队长、大队会计和妇女主任。大队的重要事务往往由党支部集体讨论决定，而村庄的日常事务则由支部书记和大队长做决定。其中党支部书记全权领导，而大队长主要负责大队的生产管理工作，主要传达和执行上级的定额、指标和发展计划。大队长可以向支部书记提意见，但必须服从支部书记的统一指挥。

每年七八月早稻收获、晚稻插秧之后，大队干部都需要安排下一年的生产计划。年初，生产队为当年生产工作做“一年早知道”总体安排，确定农、副、工三业生产指标及建设规划、种植规划、投肥规划、出勤指标。他们先计算口粮、种子、饲料“三留”，然后是向国家缴纳的农业税，最后按照国家征购计划计算出必须出售的粮食数量。但很多具体的生产管理工作仍由公社决定。比如是单季稻与小麦轮种还是双季稻与大麦轮种，用什么种子，怎样耕田和播种，施多少肥……这些抉择都是自上而下决定的。这种安排体现了党政机构对生产领域的全部接管，村庄没有选择权。

除了管理农业生产之外，党政机构还负责农产品的分配。在集体制度下，生产队代替家庭成了分配的基本单位。过去一家耕作，全年收成即归自己所有，现在收成先归生产队，然后再按工分多少进行分配。生产大队作为一级核算单位，生产队向生产大队承包，大队根据各生产队完成承包的情况

① 吴毅：《村治变迁中的权威与秩序：20世纪川东双村的表达》，中国社会科学出版社2002年版。

制订粮食和经济分配方案。集权的公社为了维持其机构的运转和“办大事业”，向各大队摊派公积金、公益金、粮食和物资，但公社不是一级经济的核算单位。①

（二）村干部与村民的关系

国家与村庄关系的改变从根本上导致村干部与村民关系的改变。在集体化时期，公社是国家行政管理的最低一层机构，公社干部也被称作脱产干部，他们不需要参加农业劳动。公社下面设若干个大队，大队以下干部的工资不是由国家来支付，而是由大队从集体收入中提取部分资金来支付。大队干部是联结公社和社员的中介。对公社来说，大队干部代表着大队和那些属于大队的社员；而对生产队和大队的社员来说，大队则代表着公社。这一中介角色实际上也反映了大队干部的矛盾性。

大队下面又分设若干个生产队。生产队拥有很多功能，可以说，农民的经济、社会、政治等各项活动都是在这个层面上展开的。生产队是一个法人组织，拥有土地分配权、生产工具使用权。在“文化大革命”期间，推行“大寨经验”，限制生产队的自主权。此外，生产队还直接负责社员的劳动安排和管理。在粮食分配上，生产队首先留出第二年用的种子，然后向国家缴纳农业税和公粮配额，剩下的作为口粮再分给社员。在生产队中，生产队队长拥有最高的权力，他不仅直接负责农业生产的管理，而且社员的就职、升学、参军等都需要经过队长的推荐和同意。因此，从某种意义上来说，生产队队长能够决定每个社员的命运。费孝通先生也曾经指出：“在生产队的具体运作中，我看到了传统大家庭的影子。‘一大二公’何尝不是大家庭观念推而广之到一个家族的指导思想？家长做主，统一指挥，有福同享，有难同当，又岂不是家庭或家族的根本组织原则。”②

① 张乐天：《告别理想：人民公社制度研究》，上海人民出版社 2012 年版。
② 费孝通、鹤见和子：《农村振兴和小城镇问题：中日学者共同研究》，江苏人民出版社 1991 年版。

第三节　德治权威的形成

村干部的角色具有双重性，他们既是官方的代言人，同时也是新的乡村精英群体，他们处在国家与农民的利益中间，并与后者保持一种特殊的委托—代理关系。村干部权威的获得依赖于两种规范，即作为国家与村民之间中间人的村干部，一方面具有国家赋予他的支配村民行为的权力，另一方面也要通过与村民保持互惠的回馈式关系来获得其在村民中的权威地位。[①]这使得他们的行为策略和准则成为乡村治理的重要切入点，即他们究竟是按照村社的地方性规范来治理，还是援引村社之外的法律规范来维持和塑造村社的秩序。[②] 上述研究提醒我们，在研究村庄权威时，应将其置于地方性的社会网络和国家的制度规范中来理解。吴毅的《村治变迁中的权威与秩序：20 世纪川东双村的表达》一书则在一个村庄场域中通过追溯川东双村近一个世纪的社会变迁，详细分析了村庄变迁与权威转型是如何互动的。吴毅的研究表明，对村庄权威的研究必须嵌入村庄秩序的转换、重构和变迁中才能获得理解。[③]

如果说吴毅从一个村庄的变迁中发现了权威的转换，那么我们在蒋巷村中则看到了常德盛 40 多年来权威的延续。虽然在 60 年的发展变迁中，蒋巷村发生了巨大的变迁，但是常德盛这一权威却得以生产和再生产。徐勇指出的权威背后的两种价值取向对于我们理解常德盛这一权威具有重要的启示意义。如果说，在其他权威身上，这两种价值取向经常相互冲突甚至背离，那么在常德盛身上，我们则看到了两种价值取向的完美结合，正是这种完美结合，使得常德盛的个人权威得以不断延续和再生产。

---

① 赵旭东：《权力与公正：乡土社会的纠纷解决与权威多元》，天津古籍出版社 2003 年版，第 268 页。

② Jean C. Oi, *Communism and Clientelism: Rural Politics in China*, World Politics, 1985, Vol. 37, No. 2.

③ 吴毅：《村治变迁中的权威与秩序：20 世纪川东双村的表达》，中国社会科学出版社 2002 年版。

一、初登村庄政治舞台

1961年,任阳公社撤销了农场,全公社分建了18个生产大队。18岁的常德盛回到蒋巷大队第十生产队,这是全大队人数最少的一个生产队,总共才30多人,而且多为外地人口,当时第十生产队的队长是冯小元。1963年,生产队需要一个会计,冯小元推荐常德盛担任生产队会计。生产队会计是生产队管理成员的重要组成部分,会计主要负责生产队的各种核算,如计算和分配劳动工分、计算产值、借给社员粮食以及为生产队队长出谋划策等。他们把生产队队长称为外当家,把生产队会计称为内当家。

说起为什么推荐常德盛做生产队会计,冯小元说,他们队本身就比较小,无论是从出身、政治表现还是学历等方面,常德盛都是最合适的。在出身方面,常德盛家是全村最穷的,属于贫农,根正苗红。在平时的工作表现上,年轻的常德盛已经得到了其他社员的认可。1960年,常德盛从农中毕业后就参加了集体生产劳动。据其他村民说,那个时候常德盛就是干活儿特别积极的一个人,他身材虽然瘦小,但是干劲却从来不比成年人差。另外,常德盛是农中毕业,学历也比较符合对会计的要求。因此,选择常德盛担任生产队会计是非常名正言顺的。生产队会计并不是严格意义上的大队干部,但却是常德盛登上村庄政治舞台的第一步。

在当上生产队会计后,常德盛更是表现出了很强的工作热情和能力。冯小元说,常德盛当上会计后,白天和普通的社员一样在地里干农活儿,而且总是抢着干村里的脏活儿、累活儿,晚上就到生产队仓库旁的会计室,点着煤油灯记账算账。常德盛还经常给生产队队长出谋划策,当时他们生产队的粮食产量在全大队中排名靠后,常德盛建议冯小元利用冬季农闲季节,开展积肥活动。于是队里组织全队劳动力挑河泥、割青草,大积草塘泥。积肥提高了田地的肥力,改良了土壤,取得了不错的效果。第二年,他们生产队小麦的亩产量就达到175千克,在全大队11个生产队中排名第二。尽管初登政治舞台,但常德盛已经凭借自己的表现赢得了大队干部、生产队干部和其他社员的认可。

二、从道德模范到年轻大队长

赵文词在《一个中国村落的道德与权力》一书中，从政治文化的角度研究了陈村的道德权威和政治秩序。赵文词指出，在传统儒家道德与社会主义道德的互动过程中，产生了两种不同的村庄精英，即符合社区道德期望的和适应国家道德期望的。不过，赵文词认为，社会主义意识形态与传统德治父权之间存在着根本差异和潜在矛盾。[①] 然而另一方面，我们也应该看到，社会主义意识形态和传统德治之间其实具有高度的相似性和一致性，这种一致性使得传统的道德在社会主义国家的治理中发挥着重要作用。

合作化和集体化运动高度依赖于干部和社员的道德素质。对每一个普通人而言，人性中的自私倾向对集体的运作是一个很大的障碍。只有在灵魂深处改造人们的道德意识，才能保障集体的利益。然而，要当时的农民们培养起这种道德意识并不是一件容易的事，而树立道德模范则是一个重要的方法。常德盛无疑是符合党所要求的道德楷模的条件的。

这一时期有一件特别令村民印象深刻的事情。1963 年冬，公社分配给第十生产队 5 吨氨水，但需要生产队到上海去装运。氨水是小麦和油菜的重要肥料，但是酸气冲天，又刺鼻又熏眼，而那时候又没有机械帆船，只能用手摇的水泥船装运，从上海装运回来需要花上几天时间。当生产队队长冯小元下派这个任务的时候，没有人乐意去做。作为团员的常德盛主动接受了这一任务，他和另外一个同伴带上被子和油盐米柴，摇了一条没有船篷的露舱水泥船就出发了。出发时已经是腊月二十六了，常德盛从上海返回时已经是大年三十了。回来时，由于逆风行使，船搁浅了，行进非常困难。常德盛非常焦急，他把衣服脱掉，跳到水里，把船推下去。常德盛说："我们那个船直摇到深夜 12 点钟才到家，那个时候外面都在放爆竹。因为氨水对农作

① Richard Madsen, *Morality and Power in a Chinese Village*, Berkeley: University of California Press, 1984.

物来说是个宝贝，船和工具又是集体的资产，所以我们那时觉得要对集体负责，对工作负责，不能怕苦。”回来之后，同伴到生产队把常德盛的事迹告诉了生产队队长冯小元，冯小元听了后非常感动。由于常德盛的突出事迹，他得到了第一次表彰。常熟县团委书记给常德盛颁发了团员积极分子的荣誉证书。这是常德盛获得的最小的荣誉，但是却具有非常重要的意义。

1966 年春，“四清”工作队进驻任阳，开展了“清政治、清经济、清思想、清组织”的“四清”运动，并开始了学雷锋、学习《毛泽东选集》的政治运动。常德盛是学习雷锋和学习《毛泽东选集》的积极分子。1966 年，“四夏”大忙刚开始，生产队 60 多亩小麦急需收割。生产队队长冯小元去察看小麦的成熟情况时发现，已经有一亩多地的小麦被收割了。冯小元清楚，自己并没有派任何人前来收割麦子，他去生产队询问是谁收割的麦子，但是没有人承认。第二天派完工后，冯小元再去查看时，发现这里的小麦又倒下了一大片。在学雷锋的热潮中，这种做了好事不留名的现象经常出现。为了查出生产队的雷锋，冯小元第三天凌晨 4 点就起床到田中查看。他不禁呆住了，是常德盛带着妻子和弟弟一声不响地挥舞着镰刀割麦子。原来，常德盛已经一个人在田里干了四天了，妻子和弟弟是刚来支援的。

常德盛凭借突出的工作能力以及积极的政治表现，很快就得到了干部和村民的高度认可。不久，“四清”工作队张队长要各生产队队长推荐入党对象，冯小元毫不犹豫地推荐了常德盛。1966 年 5 月 12 日，常德盛正式入党。由于良好的政治表现和工作成绩，常德盛获得了又一个个人荣誉——1966 年共青团常熟县委“学毛选”积极分子，共青团也对常德盛进行了隆重表彰。

1966 年 9 月，蒋巷大队改为大队管委会，大队长一职空缺。“四清”工作队开始在大队里寻找适合接替原先大队长职务的人选，这时，“四清”工作队的张队长首先想到了常德盛。自从冯小元向他推荐常德盛后，他就开始关注这个年轻小伙儿。此时的常德盛年仅 22 岁。张队长去征求其他生产队队长的意见，得到了大家的一致认同。常德盛顺利成为大队长的候选人，与常德盛一起成为候选人的是一个插队女知青。大队长的选拔采用民主选举的方式，常德盛担任生产队会计的三年里，其工作表现不仅得到了本生产队社员的认同，也给其他生产队的社员留下了深刻的印象，因而常德盛以全票当选为蒋巷村第三任大队长。全票当选意味着村民们对这个年轻人高度认可，但也意味着沉重的负担和压力。常德盛说，虽然他是这个集体的当家人，但是集体实际上一穷二白，当时的集体账上只有三毛六分钱，村民人均年收入不足 70 元，35 岁以上的男人有一半娶不上媳妇。很少有村民能想象这个年轻的大队长可以带领他们改变这一境况。

常德盛表现出了与其他村干部不同的特性。这一品性首先是他的坚定信念，常德盛对信任他的村民们说："穷不会生根，富不是天生，我一定要让大家过上好日子。"这种极大的勇气和大无畏的精神不仅支撑着这位年轻的大队长，也激励着村民们跟他一起奋斗。在此后的发展过程中，虽然蒋巷村也经历了各种困境，然而这一信条却始终未曾动摇过。

除了坚定的信念，常德盛更是通过自己切实的行动来感染大家。在集体化时期，大队长是脱产干部，他的主要职责是安排大队的劳动生产计划并负责管理工作，但是常德盛却没有享受这一福利。村民们几乎每天都能在田地里看到一个瘦弱的身躯。他们说，常德盛几乎不在路上走的，他都是在田里走的。由于常德盛大队长亲自到每个生产队的田里去干预生产，以至于他比生产队队长更熟悉田里的情况。比如，哪一块田需要施肥了，哪一块田需要灌溉了，他都会在第一时间通知生产队队长。由于他对各生产队的农业生产情况非常熟悉，因而生产队队长都很佩服他。村民们很快意识到，这个年轻的大队长并不只是在嘴巴上说豪言壮语，而是有实际行动的，这使得常德盛在他们心中的威信更高了。正是从那时起，常德盛在村庄内部树立起了极高的威信，村里没有人不服从他的领导。这为日后蒋巷村继续坚持走集体化道路埋下了伏笔。

三、权威的生产

集体化运动形塑了新的国家与村庄的关系以及村干部与村民的关系。

再分配体制赋予干部特殊的权力，这一体制从根本上形成了农民对干部的依附性关系，然而这并不能保证干部将权力自动转换为权威。对于常德盛来说，权威是在村庄建设的实践中形成的。马宝成指出，政治权力的合法性基础一般包括三个方面的内容：意识形态基础的政治权力从人们的认识、价值观、信仰等理念方面获得支持，制度基础的政治权力的获得和运作必须遵循宪政制度，有效性基础的政治权力必须取得实际成就。[①]

虽然大队长的身份给予常德盛制度性的权力支持，但是其权威的最终树立则是依靠工作的绩效，这些绩效不仅体现在日常的工作表现上，更是体现在村庄重大事项的组织和完成上。常德盛通过带领全村村民平整土地第一次树立起权威。平整土地需要集体的力量，这样浩大的工程在过去几百年里由于缺乏基层政权的有效组织，再加上地方宗族力量弱小而无法有效地被组织起来，因而这对于任何新的政权和新的村庄干部来说都是一个极大的考验。

当上大队长之后，常德盛面临的第一个任务就是带领村民进行农田基本建设。任阳地区地势低洼，由于水涝灾害频繁，这里的农业生产受到严重影响。1958 年秋，政府提出了“向荒滩、荒坟要田，向泥山要粮”的口号。在基层政治运作中，政府号召与村庄执行总是存在一定的距离，干部个人的积极性和动员能力在其中发挥了关键作用。平整土地是一个规模宏大的系统工程，对任何干部都是一个巨大的挑战。曾在支塘镇新庙村担任过村主任的蒋金元在谈起不同村庄执行这一任务的积极性差异时说：“平整土地需要耗费大量的人力物力，而且短期内无法看到成效，属于出力不讨好的事情，因此很多干部做这件事的积极性并不高。”对于蒋巷村来说，这一问题同样存在。蒋巷村当时有 1 700 亩农田，而且茅草坟堆遍野，平整土地的难度非常大。面对困难，常德盛喊出了“天不能改，地一定要换”的口号，准备带领村民大展宏图。常德盛的这一号召并没有引起村民们的积极响应。他回忆

① 马宝成：“试论有限政府的合法性基础”，载《北京行政学院学报》2001 年第 3 期。

起了当时的经历：

“这个平坟墓的工作是最难开展的，村民们特别是那些老年人都有想法，觉得这是对老祖宗不敬，会触犯鬼神。那个时候，大冬天我带着一帮年轻人去铲除坟堆，刚落锄，一个70多岁的老阿婆就连哭带骂地阻止我们。还说我不是本村人，是外地的，铲别人家的坟不心痛。我就苦口婆心地给阿婆做工作，我跟她说，我们蒋巷村一直贫穷落后，所以要铲除穷根，一定要把田地建设好。我向老阿婆承诺，铲除祖坟不是不要祖宗了，而是将祖坟集中到一个公墓里去。通过耐心地给村民们做思想工作，老年人慢慢就醒悟了。”

在艰苦的思想工作之后就是更为艰难的工程建设任务。村民们说，常书记的工作方法和一般干部不同，他不是简单的号召指挥，而是以身作则，亲力亲为。在蒋巷村的纪录片中有这样一个场景：1975年的大年初一，村民们都在忙着过春节，常德盛一个人脱得只剩一件衬衣，默默地挑土填河。村民们都被常德盛的精神感染了，很快，村里的男男女女都挑着箩筐、扛着锄头来到了工地，大家一起哼着劳动号子，越干越欢畅，竟然忘记了那天是大年初一。

这样规模宏大的治水改土工程并不是一朝一夕能完成的，而是历时20多年，累计投入劳动力6万余人，完全靠着一根扁担、两只箩筐，肩挑背扛，累计挑了50多万立方米的土石方，才将1 700亩低洼田填高了1米多，才建成了田成方、树成行、渠成网、路宽敞的旱涝保收的粮田。此后，又通过放养绿萍增加田土肥力、合理密植等措施，使粮食亩产稳居苏州地区前列。直到今天，蒋巷村仍是全省人均向国家出售粮食最多的行政村之一。显然，如此庞大的工程如果不是通过集体的力量是不可能完成的，因而在看到今天中国农村的发展成就时，仍然应该想到无数先辈在集体化时期打下的基础。但另一方面，当不同的村集体呈现不同的结果时，我们还应看到村民们的能动性。

正是在村庄的集体建设中，常德盛凭借自己以身作则的苦干精神赢得了村民们的认同和尊敬，从而也在村民中奠定了自己的权威。尽管农田基本建设是上级政府要求的，但是蒋巷村完成得无疑是最为漂亮的。很快，蒋巷村在这轮村庄竞赛中得到了上级政府的认可。作为对其工作成绩的奖励，在1970年召开的中共任阳人民公社第三次党员大会上，常德盛作为唯一的村干部代表入选了公社党委委员。

在平整土地的过程中，常德盛展现了其魅力型领袖的一些基本特质。一是对村庄的未来充满坚定的信念，虽然村庄的基础非常差，但是他相信通过大家的努力可以改变这一现状。常德盛喊出的“天不能改，地一定要换”不仅是一句口号，更是一种价值信念，这一信念转变为村庄的共同目标，并成为村庄未来发展的激励因素。二是他本人具有的强烈的奉献精神，愿意从事这些具有高度挑战性和冒险性的工作，特别是为了实现这些目标而愿意牺牲自我，显然这是大部分村庄的村干部很难做到的，这也是蒋巷村的基础农田建设成效更为显著的原因。三是面对困难时善于通过各种思想工作、反传统的方式来应对，当获得成功后，会更加赢得村民们的认可。

在集体化时期，国家的形象是双面的。一方面，国家发挥的是建设性作用，如国家组织动员建设大型工程。此时，国家与社区的目标是一致的，对于干部来说，认真执行国家的政策就能达到双重效果，即他不仅能得到国家的肯定，也能得到社区的支持，干部的权威从而得以树立。另一方面，一些不合理的政策会对社区产生不利影响，如“文化大革命”。这一时期，阶级和革命的语言主导了日常生活，这使得干部在执行国家政策时陷入两难境地。

而如何处理这些矛盾关系是对村干部的一种考验，也是树立他们自身权威的另一个重要机会。常德盛将精力主要放在村庄建设上的行为显然更加符合村庄共同体的道德期待。

在国家命令和社区利益中，常德盛巧妙地掌握着这两者的平衡。在不同时期，常德盛展现着自己的多面角色。在执行国家建设任务时，他完成的是最出色的，这让上级领导对他充满了信任。而当村民利益受损时，他又巧妙地减少了政策伤害。对于村民来说，常德盛既为他们带来了实质性的物质利益，同时又在冷冰冰的再分配制度中植入了温情。正是在这一过程中，常德盛的权威地位得以形成。

第四节　成为模范村庄：集体意识的形成

一、在抵制不合理政策中获得认可

在集体化时期，农业生产活动由大队和生产队来组织安排。但黄宗智提醒我们，一般而言，我们不应过高估计生产大队和生产队对经济活动享有的自主权。作物的选择是由上级决定的，即使有时上级的决定不符合村庄的实际情况，生产大队和生产队的领导通常仍需执行这些决定。① 对于村庄来说，执行上级政策是一项基本的义务，抵制上级政策则被视为不讲政治的表现。

在权力的干预和对权力的抵制中，与农民利益关系最为密切的便是对农作物种植选择的安排。在这一安排中，存在三方的利益博弈：公社及更高级别的规划者、大队和生产队干部、农民。这三者的利益诉求并非完全一致，甚至有的时候是冲突的。此外，这三者由于工作角色的不同，其对农业生产的认识也是不同的。不同的权力地位、利益诉求和角色分工，使得他们之间的矛盾有时特别大。然而这种矛盾却并非直接冲突的，对于公社及更高级别的规划者来说，大队和生产队干部是执行他们决策的关键环节，他们并非直接去面对农民群体，因此只要大队和生产队干部能把决策贯彻下去就可以了。对于大队和生产队干部来说，他们是中间环节，这一群体同时面对决策者和农民，因而他们经常是两头为难。当然，这中间也会有一定的运作空间，如何利用这个运作空间很大程度上取决于干部的个人特质。一些

① 黄宗智：《长江三角洲小农家庭与乡村发展》，中华书局 1992 年版。

干部选择服从上级命令，而另一些干部则更倾向于维护社区利益。对于农民来说，他们是整个决策的最末端，很大程度上他们并无选择权，必须服从于生产队队长的安排，但他们也会采取诸如磨洋工等方式表达反对，或向生产队队长及大队长反映意见。

在任阳地区，由于这里地势低洼，长期以来，农地的耕作以一年一熟制居多，仅部分头、二进高田耕种夏熟作物，土地利用率整体偏低。1949 年后，当地政府充分组织动员集体的力量，重视挖掘土地潜力，尽量做到“冬田不休闲”，积极进行改制，逐渐变一年一熟制为一年两熟制。1967 年，上级政策规定农业推行“双三制”，栽种双季稻、三熟粮，即由原来的一年种一熟小麦和一熟水稻的“双熟制”，改成一年种一熟小麦和两熟水稻的“双三制”。上级规划者简单地认为土地使用密集化程度越高越好，而没有考虑到这一耕作方式的生产成本和收益。这种劳力的过密化是以投入尤其是劳动力投入的边际收益严重递减为代价的。计划制订者根据选定的作物做出了产量指标，例如，决定推广双季稻意味着亩产指标的提高，高到单季稻不可能达到的地步。而作物的选择和产量的指标又进而决定了选种、密植程度和肥料的使用等。当地的农民们形象地将双季稻称为“三煞稻”：热煞、忙煞、苦煞。

到 20 世纪 60 年代末，双季稻在全社铺展开来，1970 年，全社双季稻种植面积为 4 625 亩，而到了 1971 年就增加到 9 561 亩。

很快，蒋巷村也接到了上级要求种植双季稻的通知。此时，常德盛担任大队长，作为实干的大队长，常德盛很清楚在蒋巷村种植双季稻是不符合当地实际情况的，他说：

“第一，我们这里缺乏实行‘双三制’的气候条件，一年 360 多天只有 40 多天的温度适宜。水稻的生长要求温度至少是 5 月底 6 月初这个气候，超过这个时间段，到了深秋的季节，温度就不行了，所以我们没有这个条件。南方一般是种植双季稻，有极少数的地方甚至是三季稻，那些地方种植水稻很好，但不可以种植麦子。我们这个地方的气候正好，既可以种植水稻，也可以种植麦子。第二，我们劳动力不够，没有机械化，现在有了机械化，能不能种植呢？也不应该种。第三，土壤会被破坏。因为我们这个地方的土壤最好是种植麦子，土壤经过冬天的风化可以变得疏松。若将板泥泡在水里，土壤就缺少空气了，跟人呼吸没有氧气一样，就不行了。第四，稻子虽然都是一级品种，但是出米率很低，100 斤稻子才产 60 多斤米，后来达到 75 斤米，而且米质还不好。此外，种植双季稻成本高，它需要两次种植，气温也不太适宜；单季稻只需种植一次，它的生长期气温高，所以它苗子粗、发谷快。所以从这几个方面来看，实行"双三制"的经济效益特别低，种田要亏本，农民哪里能亏本呢？所以在蒋巷村种植双季稻会使农民穷得不得了。"

是服从上级规定，还是尊重实际情况，这对一般的大队干部来说是一个困难的选择。在做了艰苦的思想斗争后，常德盛决定继续种植单季稻，只是应付性地种植一点儿双季稻。在当年的社员大会上，常德盛向大家宣布，根据蒋巷村的实际情况，他们不种植双季稻。在解释自己的这一举动时，常德盛说，"因为舍得才能争取，我舍得下来。我们当干部的得对得起百姓和祖宗留下的土地"。常德盛说，自己那个时候年纪轻、敢闯敢为，并不贪恋权力。他坚信共产党是实事求是和全心全意为人民服务的。当然，很重要的一点是，常德盛自己对农业生产很有信心，在过去几年的农田基本建设中，蒋巷村村民在他的带领下已经打下了很好的基础，他大力鼓励村民进行土地积肥，由此改善了土壤。因此，他相信，只要管理得好，蒋巷村单季稻的产量是不会低于双季稻的。但这毕竟是一个冒险的决定。

常德盛的这一选择得到了村民们的高度认可。村民们对种植双季稻的苦是体会得最直接和深刻的，但他们只是整个行政决策的最后一环，对农民来说，他们只能听从大队干部和生产队干部的安排。即便他们觉得这种耕作方式是不合理的，他们也不能抵制。他们知道常德盛大队长已经在替他们着想了，并且想自己来承担这个责任，村民们都非常感动，这也进一步增进了他们对大队长的认同。

常德盛在做出继续种植单季稻的决定后，很快就承受了来自上级的很大压力。但出于对常德盛这个“学毛选”积极分子的信任，公社领导并没有完全强制性地要求常德盛放弃种植单季稻，他们睁一只眼闭一只眼，想先看看这个年轻人实验的效果再做决定。

果然，蒋巷村那一年的收成令公社干部刮目相看。当年蒋巷村的单季稻亩产有 900 多斤，而其他种植双季稻的村的亩产也才 1 000 斤。虽然蒋巷村的单季稻在总产量上略低于双季稻，但是种植单季稻解放了劳动力，大大降低了成本。很快，蒋巷村就在任阳公社出名了，常德盛也为自己赢得了上级干部的认同。1970 年，常德盛担任任阳公社党委委员时是唯一的大队干部，那个时候他还只是个大队长。在常德盛最初当大队长的时候，蒋巷村的农业产量在任阳乡处于第十三四名，而到了 1970 年，他们大队的农业产量已经在全公社排第五了，超过了很多种双季稻的大队。之后的几年里，常德盛更加坚持自己的决定，在基本农田建设和积肥改土上做文章，粮食产量因此得以稳步提升。特别是在这一过程中，常德盛带着蒋巷村村民探索出了“免耕播种、秸秆还田、沤肥堆肥”等先进的耕作方法，这一方法此后在大江南北得到普遍推广。1979 年，蒋巷村成为苏州地区 300 个行政村的售粮状元，受到了江苏省人民政府的通令嘉奖。直到今天，蒋巷村仍是全省人均向国家出售粮食最多的行政村之一。

很快，蒋巷村成了当地的模范村，这次它不仅在公社内出名了，而且在整个苏州市都出名了。1980 年，常德盛被评为江苏省劳动模范，1983 年 4 月，常德盛当选为江苏省第六届人民代表大会代表。1983 年，常熟市委、市人民政府授予蒋巷村“文明单位”的荣誉。这一时期，各级政府组织到蒋巷村来学习的干部络绎不绝。如今在蒋巷村打工的新庙村前任村主任蒋金元说，他们之前经常到蒋巷村学习先进农业经验，不过，在学习完之后他们还是继续回去种植双季稻，毕竟要使单季稻的产量超过双季稻对一般的村庄来说是非常困难的，因为蒋巷村的亩产千斤并不是在一夜之间实现的，而是前期进行了大面积的农田基本建设和水利兴修，其他村庄在这些方面的工作都做得不够。除此之外，常德盛在蒋巷村已经具有高度的权威，他能把村民们组织起来，但是其他村干部却不具备这样的能力。因此，为了完成上级的征粮任务，他们只能继续种植双季稻。虽然公社干部组织其他大队干部来参观学习，但这并不意味着其他村庄也要种植单季稻。公社干部说，只有在单季稻亩产也超过千斤的时候才能放弃种植双季稻，毕竟对公社干部来说，产量仍然是最重要的要求。

蒋巷村在20世纪70年代初实现了单季稻产量不输双季稻产量的成就，到70年代中期甚至超过了双季稻，这在当时是一个不小的成就。然而种植双季稻仍然是当时的普遍实践，这更加突出了常德盛和蒋巷村的成绩。1980年以后，当地逐步缩小了双季稻的种植面积。1983年，有一个记者在《解放日报》上发表了一篇文章，题名叫“三三得九，还是二五得十”，意思是：种植双季稻，收300斤麦子，300斤前季稻，300斤后季稻，加起来900斤；种植单季稻，收获500斤麦子，500斤稻子，加起来1 000斤。此后，双季稻的种植在华东地区被普遍放弃。

在田野调查中，笔者也访谈了几位其他村庄的村干部。他们在谈及这一事情时感慨地说，其实他们自己也知道种植双季稻是劳民伤财的，但是他们也没有办法。在谈到常德盛的选择时，一个村支书若有所思地说：“你要说老常伟大，他就伟大在这里，他没有私心。”

带头平整土地、以缓和的方式来应对不合理的要求，特别是通过抵制不合理的上级政策来获得农业发展的巨大成功，是常德盛在农业集体化时期带领村民取得的主要成绩，同时也是其权威树立的过程。村民们认识到，常德盛这样的村干部能够始终把村庄利益放在第一位，特别是敢于为了村庄的利益而牺牲自身的利益，因此对他报以发自内心的敬佩和服从。常德盛这种不计较个人得失、实事求是的品格正是党的领导干部应该具备的素质，因此党组织给予其各种政治荣誉。当然，除了常德盛的个人品格外，他还带领村民们取得了实实在在的成绩，这种成绩不仅关乎村民的生活水平，也关乎他们的村庄荣誉和价值认同。

当蒋巷村成为模范村庄的时候，也就意味着它与上级政府部门建立了特殊关联。随着蒋巷村的名气越来越大，关心蒋巷村的领导也越来越多。在整个集体化时期，蒋巷村的这种荣誉主要是象征性的，并没有转化成切实的资源，但却意味着蒋巷村的未来发展将得到更多的关注和支持。

二、在集体劳动中形成集体意识

国家强制推动的这场集体主义运动在村庄层面上建立了生产和治理合一的集体体制。从国家的视角来看，这种集体治理体制实现了国家对基层社会的重建，特别是以户籍制度的方式建立了城乡分割的社会管理体制，将所有的社会成员纳入各类单位组织，形成了个人对单位、单位对国家的依附。由于国家掌握了资源的再分配权力，使得国家推动的以农业支持工业的战略得以实现。从村庄的视角来看，这一集体主义的治理体制具有集中力量办大事的优势，让过去无法完成的村庄公共事业建设得以实现。但对于农民来说，这一集体化运动具有两面性，农民们缺乏内在的动力，且在一定程度上是“被集体”的。

由于缺乏集体意识和集体情感，这就使得集体缺乏内在的黏合剂，一旦外部的强制性的国家力量退出后，集体也很容易瓦解，这体现了集体体制的脆弱性，由此也可以理解改革开放后农村轰轰烈烈的家庭联产承包责任制改革何以很容易得到农民的欢迎和支持。由于始终存在一种去集体化的张力，因此如何让农民形成集体意识和集体认同是关系村庄的集体主义道路能否持续发展的关键。

当蒋巷村村民懵懵懂懂地走进初级社的时候，他们对集体这一新生的事物还缺乏认识，更不用说是情感的认同和依附了。那些村民在谈到合作化和集体化运动时，一个最为普遍的想法就是：“这是上级要求做的，我们照着做就是了。”虽然已经有很多研究表明有些地区的农民对集体化运动有一些抵制行为[①]，然而在蒋巷村，村民们似乎并没有这种情绪。村民沈明宝在回忆上交土地证的时候说，“没有什么特别的感受，也不知道以后的日子怎么过，反正都是干活儿”。还有一些农民对集体化运动还怀有期盼的心情，毕竟这一带人少地多，单个的家庭生产有的时候非常困难，如果诉诸集体的力量就会容易很多。公社组织的大型兴修水利工程也验证了农民的这一想法。在任阳公社的组织下，这一带的沟河实现了大整修。对于这些长久以来饱尝洪涝灾害的村民来说，这种集体力量的意义无疑是巨大的。

无论最初集体化时农民们是否具有集体意识和情感，集体的组织和劳作方式却是实实在在地存在着。这种集体的生产方式给村民们留下了很深的印象。蒋玲妹说：“进入集体化后，开始有割稻机和打稻机了，以前没有的，我们用打稻机很开心的，积极性高得不得了。也有人不愿意实行初级社，但是这种人不多。小农经济没有出路了，土地总归要被收上去的，我们觉得挺好的。我们毕竟年纪轻，总归要生活，我们女人在生产队里打稻子、插秧。如果明天要来开现场会，生产队队长起早了喊我们，我们就连夜把这些活儿干完，积极性很高的。”随着集体化的逐步深入，这种对集体生产劳动的体验逐步深入农民的内心深处。正如郭于华所指出的，集体化过程带来的组织化的生产和生活经历，是人的集体化与心灵集体化相互建构的过程。[②]

如果说上述对集体的体验是中国农民普遍存在的，那么蒋巷村村民对集体的情感和认同则是更为突出的。在过去十多年的集体化过程中，蒋巷村在常德盛的带领下不仅经历了和其他村落一样的集体化过程，而且取得了比其他村落更好的成绩，他们尝到了集体主义的甜头，这种成绩既转化成了农民的实际利益，更加强化了他们对村庄的自豪感。特别是常德盛将集体利益高于个人利益的奉献精神传递给了其他村民，在村庄里形成了一种村庄共同利益优先的道德准则，那些以追求个人私利为先的村民们在村庄

① 张乐天：《告别理想：人民公社制度研究》，上海人民出版社 2012 年版。
② 郭于华：“心灵的集体化：陕北骥村农业合作化的女性记忆”，载《中国社会科学》2003 年第 4 期。

中可能会受到道德和舆论的谴责，这就降低了村庄集体行动的交易成本。

首先，蒋巷村的这种集体意识体现在他们具有很强的组织动员能力上。生产队的利益与村民直接相关，而村民们对大队的集体意识使得他们可以不计较个人利益而投身到集体生产中去。村民黄小元说："老常是农业起家，那个时候我们都听他的安排，每个生产队的生产进度都不一样，只要他一声令下，我们一个生产队完成了，就去帮助另一个生产队，都是完全不计回报的。在其他大队中这种情况是很少出现的。"

其次，随着集体的发展，这种集体意识在很大程度上使农民从中获得了更多的实惠，并在村庄竞争中获得了成就感。村民沈明宝说："当时我们这个地方很红的，大概是在 1970 年。我们是小百姓，我们要实惠。我们产的粮食多，亩产千斤，感觉不错。常书记带领大家把土壤改善了，提高了粮食产量，我们社员能够分到的粮食就多了。"当然，除了这些实实在在的好处之外，很多村民由于集体荣誉而产生了一种强烈的自豪感和认同感。蒋巷村的老人们总是对他们在常德盛书记的带领下粮食单产超千斤的纪录的事情津津乐道。当然这些纪录也包含着他们对集体实实在在的付出，沈明宝说："那个时候我们蒋巷村干活儿最辛苦了，到冬天的时候就只有我们村仍在进行农田基本建设。那个时候过小年，挑土方挑得我饭都吃不下去了。下雨天还在挑，马上要过年了，如果任务完不成，我过年都不踏实。"

虽然蒋巷村的村民们干活儿很辛苦，但是更令他们骄傲的是心中洋溢着的成就感和自豪感，这种幸福感和成就感成为蒋巷村老一代村民们最为自豪的社会记忆。"以前我们村那些小姑娘觉得在蒋巷村干活儿太苦了，就嫁到外面去了。现在她们看到我们蒋巷村发展得这么好了，都很后悔的。"蒋玲妹在说到这儿的时候表现出的是一种满足感。曾经担任蒋巷村妇女主任的她经常有机会去参加各种会议，她说："我现在还认识好些老领导呢！那个时候我们干部去开会，每次开会都是表扬我们村，那个时候真的是很光荣的。"

这种集体意识和集体情感转化成一种集体自觉意识。黄小元说："最开始村民们积极参加生产劳动是因为看到他们的书记都带头生产劳动，书记都这么辛苦地干活儿，我们有什么理由不干呢？后来大家就都很自觉了，即使常书记出去开会，没人监督了，大家还是很积极地干活儿。”

三、德治权威运作与村庄整体规划

在中国农村，或许没有像集体统一规划盖房子这样更好的例子能证明集体的存在了。房子是中国农民最大宗的投资，是他们最大的私有财产，是衡量其在村庄中社会地位和人生价值的重要标准，同时也是建构自己生活意义和社区地位的重要载体。卢晖临对集体化时期农民的建房研究做了精彩的阐述，在写到农民的建房心态时，他引用了村民汪老三的话：“大家都是人，谁也不比谁差多少，形势摆在那儿，你不盖不成，形势所迫啊！”于是农民之间展开了一场建房竞赛。总之，“一定不能让他比下去了”。卢晖临认为，集体化时期农民之间的这种建房比赛，反映的是农民社会生活中日渐强固的平均主义心态。①

显然，村庄中的这种建房竞赛对于农民来说是一种极大的心理压力。村庄中的房子是体现社区内部分化的重要标准，同时也是导致村庄内部分化的重要力量。

这一时期的蒋巷村统一建房则源自新时期村民改善居住条件的迫切愿望，但是仅靠村民个体的力量则很难实现。与其他村庄村民相互竞争的建房方式不同，蒋巷村通过集体的力量实现了村庄的统一规划，特别是为那些经济条件较差的村民提供了重要的社区支持。

蒋巷村第一次根据村庄的统一规划来建房是在1980年前后，在前后大约4年的时间里，村民们按照统一的风格、规定好的位置盖起了两层楼房。直到村民搬进新的别墅后，这批楼房才逐步被拆除。为什么蒋巷村能在20世纪80年代就能够利用集体的力量来组织村庄统一建房？为什么蒋巷村出

① 卢晖临：“集体化与农民平均主义心态的形成——关于房屋的故事”，载《社会学研究》2006年第6期。

现了与一般中国农村不同的模式？在这里，我们先用周边村庄的案例来比较分析。

在整个任阳地区，从1949年到2009年这60年里大致经历了三次建房高潮。这里说的建房高潮是指在一段时间里相对比较集中的建房，而且房子的风格基本上一致。第一次建房高潮是在1974年前后，这一时期所建房屋主要是小瓦房。这一次的建房高潮使得农民从原先的草房或者泥墙房向瓦房过渡。第二次建房高潮是在1986年前后，这一时期有60%～70%的村民重新盖房，房子主要是两层楼房。第三次建房高潮大致是在2000年以后，随着城市化和工业化的发展，这一时期的农民建房出现了向多样化和高档化方向发展的趋势，房子的类型包括封闭阳台房、农村别墅，或者直接到城镇购买的商品房。从房子的价值来看，第一次建房高潮的小瓦房一般价值在2 000元左右，第二次建房高潮的两层小楼房的价值在1万元左右，而第三次建房高潮的房子一般价值在20万元到30元万不等(见图3-1)。

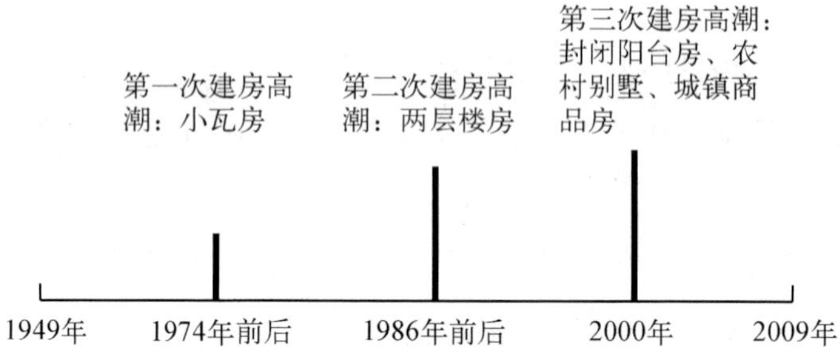

图3-1　任阳地区建房总体趋势

这三次建房高潮的时代背景是完全不同的。第一次建房高潮出现在集体化时期，这时村民们还在生产队里工作，收入主要是拿工分，农民的收入差距非常小，这一时期建房所需的各种原材料主要由大队分配。这一时期的建房主要是因为原先的草房或者泥墙房确实无法继续住人了，因为是被迫翻新，所建房屋差异很小。第二次建房高潮则出现在农村市场化改革前后，随着集体化逐步进入尾声，农民的收入水平有了一定的提高，这一时期农民建房的热情开始真正高涨起来。虽然早在20世纪70年代中后期，任阳公社就开始规划建房，要求农民新房子必须建在新开河的两岸。不过那时农民仍然无力建房。到了1980年以后，农民开始提前谋划建房。为什么需要提前谋划，曾担任新庙村村主任的蒋金元回忆起自己1982年盖房子的经历时说：

“建房材料是分配的，需要提前计划，当时砖头的价格是2分5厘2毫。那时我到村里去要了点计划，并开始慢慢地积累材料，今天弄根横条啊，人家去弄材料了，我就跟着去。当时没有钱，一旦手上有100元了，我就去江阴买一根旧的横条，材料就这么一根一根地积累起来。砖头是国家计划生产的，一个窑厂发下来的计划砖被运到乡里面，从乡里再到大队里，然后哪户人家需要就去申请。这个人拿2万块砖，那个人拿1万块砖，谁急需谁先申请。我那时申请了2万块砖。当时的稻草也是调配的。”

蒋金元在1982年的时候盖的是一栋“五柱”（五根横条）的瓦房，他说他盖房子总是慢别人一拍，那个时候村庄里已经逐渐开始了盖房子竞赛。一些经济条件好点儿的家庭已经开始盖起了两层小楼房，一些人盖的是“七柱”（七根横条）的瓦房，还有一部分则是和他一样的“五柱”瓦房。总之，这一时期他们村的房子是五花八门，村民间的这种不统一导致了激烈的盖房子竞赛。蒋金元说，他家刚盖好“五柱”瓦房，过了两年就被淘汰了，这时候又开始谋划盖新房子。村民间这种盖房子的攀比行为给农民们增加了很大的心理压力和经济负担。到2006年，他们村开始规划新农村建设，要求根据统一的规划来建房，不过直到现在也没有什么新的进展。蒋金元分析说，他们村到现在也没有能力统一规划建房，主要有两个原因：

“第一个原因是，村里要通路、通水、通电，我们村没有这个经济基础；另外，村里要把土地转下来。原来这些土地是各家各户的，现在要这些人把土地流转下来，这个村里要出钱，无偿征用肯定不行，但我们村财力不足。第二个原因是，现在的老百姓想法都不一样了，没法儿统一起来，你有你的想法，我有我的想法。”

蒋金元所在村庄的建房经历在中国农村非常普遍，在卢晖临的文中我们也看到了类似的场景。笔者在这里用如此长篇幅的笔墨去描述其他村庄的盖房子经历，目的是想通过对比来探讨蒋巷村第一次统一建房的奥秘所在。在谈到其中的奥秘时，蒋金元一语道破：“他们常书记有这个本事。”

虽然大家都清楚村庄统一规划建房的好处，但是操作起来却并不容易。其一，从村庄的角度来说，要有一定的经济基础，并且村民们愿意按照村庄的规划来安排，但这是大多数村庄都不具备的条件；其二，不同家庭的生命周期和经济条件也不同，因而盖房的家庭决策也有差异；其三，在家庭联产承包责任制实行之前已涉及如何获取建筑材料等具体难题。在蒋巷村，主要是通过常德盛的个人能力来克服上述困难的。

蒋巷村的统一建房起因于20世纪70年代中期任阳公社通过的一个关于农村建设的十年规划。当时的任阳公社书记组织对河道进行统一规划，在他的领导下，原先弯弯曲曲的河道全部变得整齐了。公社因此要求各个生产队都统一沿着河道来建房子，这样统一建房的好处是把农田连成了片，有利于农业的机械化耕作，此规划显然具有非常长远的意义。

虽然公社倡导统一沿河道建房，但是就像农田基本建设一样，这并非一个硬性的规定。正如今天的新农村建设一样，上级的统一规划因各个村庄的实际情况不同而无法得到统一的落实。首先，这一时期的农民们普遍生活在贫困之中，并不具备盖房子的能力。其次，农民们有着自己的谋划和打算，家庭的决策和行为无法与政府的要求保持一致。最为重要的是，虽然这一时期的农民们已经普遍具有盖房的意愿了，但是盖房子的原材料是上级统一调配的，农民们无法自由便利地获取。

这一时期的蒋巷村村民遇到了同样的问题。虽然在这一时期，蒋巷村凭借着农业起家已经非常出名了，但是对于蒋巷村村民来说，他们的生活水平与其他村民并无很大的差别。单一的农业生产本身决定了农民之间的收入差距是非常有限的。这一时期大队的经济积累也并不多，无力支撑村庄的统一建房。更为重要的是，建筑材料是镇一级统一分配的物资，而且十分有限，材料的质量也远非今日可比。所以即使农民有盖房的意愿，也大多没有盖房的能力。总之，这一时期农民建房的基本矛盾是村民强烈的盖房意愿和盖房能力欠缺之间的矛盾。常德盛很清楚，无论是凭借村民个人的能力还是大队的能力，都无法统一规划建房。常德盛所领导的村庄党组织决定发挥集体的作用，采用多措并举的方法，积极组织货源，回应村民及群众的需求。这一时期的常德盛已经在公社建立了广泛的社会资本和政治资本，借助这些资本，他能够从其他方面得到建房的材料。常德盛说："我们一方面积极向上争取得到供给，另一方面组织力量去到产地直接采购，并以村级信誉担保，向窑厂等单位预定砖瓦等材料。""砖头由我统一采购。这要靠一个人的威信，即对内对外的威信。当时我到外面借钱，再借给村民，这个是需要胆量的。"

正是因为常德盛具备从外界获取其他村民根本无法获取的盖房资源，蒋巷村的村民在完全不具备经济能力的条件下才实现了盖房的愿望。当然，这种获取资源的能力只是其中的一个条件，另一个重要的条件就是常德盛所坚持的全心全意为人民服务的精神。常德盛说：

"当时上级也有建房规划，但是下面都不听。为什么不听，因为这件事情做起来很吃力。我这个人呢，就是要把事情做好，不管吃不吃力。虽然这件事情当时难度很大，但是为了老百姓，我要把难事做好，老百姓的疾苦就是我的责任。

"有了建材，我们又征得村民同意，由村级集体统一规划地段，统一设计房型户样，统一组织泥瓦木工，统一建材配用，统一调配辅工等，先后有规划、有步骤地开展了大规模的新农村建设。"

村民蒋玲妹回忆了自己家第一次盖房子的经历：

“我家的房子是1980年盖的，当时家里一分钱都没有，我们本来没有盖房的打算，不过公社有这个盖房的精神了，那个时候书记就来动员了。我那个时候担任大队妇女主任，书记就在我们干部身上先‘开刀’，我们再到村民家里去动员，那个时候上级也会派人来动员……我们去村民家做工作，村民说困难，没有钱。那个时候大队里也没钱，窑厂是要统一调动的，生产队的经济也要统一调动。书记还要出去借一点儿(钱)，书记一个人担了好大的责任。我那座房子花了9 000元，向亲戚借了一点儿，其他全部是向大队借的。”

这一时期，几乎所有村民盖房子的钱都是向大队借的，而大队又是靠常德盛个人到其他地方去赊借材料，等村民们有钱了还给大队，大队再去还买材料所欠的款项。在这个过程中，常德盛个人是最为关键的环节。村民们盖起了梦寐以求的房子，而且他们也很快在接下来的几年里把钱还给了大队。在讲到第一次建房与第二次建房的区别时，常德盛说：“第一次建房的主要困难是老百姓的经济问题，那个时候大家的思想觉悟都很高，因此难度反而比较小。现在是经济上没问题了，老百姓的思想却有问题了。”

通过常德盛的努力以及广泛的村庄动员，蒋巷村的这次集体建房顺利完成，沿着新河道两岸或新筑机耕道路两侧统一建起的两层小楼房构成七条新村巷。在道路、河塘旁边植树绿化，建成了林网。随着村级工业的快速发展，大队又指导村民进行卫生设施的升级改造，为村民家庭分别发放卫生洁具、厨房灶具及液化气罐，户外厕所改为水冲式，室内加建卫生间，完善了农民的生活设施，推进了全村改灶改厕工作，初步打造了农民安居乐业的美丽家园。

蒋巷村统一规划建房的实现与其说是集体的力量，不如说是常德盛个人权威实践的结果。之所以这么说，是因为虽然村庄的建房风格统一，但是整个建房过程并不是集体商量讨论的结果，也并非共同的家庭决策。事实上，在建房之初，蒋巷村的情况和其他村庄并无区别，村民们根据自身的家庭生命历程做着自己的盘算，如果没有常德盛的组织动员，蒋巷村不可能实现统一的建房行动。而常德盛之所以具有这么大的动员能力，一方面是因为他具有从上级政府部门那里获取资源的能力，另一方面则是因为他在村民中享有很高的威信。在建房的过程中，村里逐步兴建了一些公共基础设施，推行了初步的福利制度，特别是开始向老年人提供一些养老金的支持。正是在这一过程中，蒋巷村的村民开始体验到集体主义制度的优越性，并进一步强化了集体意识。

尽管权威实践是这一时期村庄统一规划建房的关键原因，但也不能因此而忽视这一时期集体共同体的意义。正如前文所指出的，在集体化时期，村民们在集体劳动中形成了集体意识，他们对村庄有很强的认同感和归属感，这使得权威很容易就能够动员村民进行集体行动。村民们自觉地以集体利益为重，蒋巷村从来没有出现过因为个人家庭的私利而侵害集体利益的案例。这表明，在集体化时期，集体共同体和权威实践是高度结合在一起的。

人民公社时期国家主导和推动的村庄集体化为蒋巷村未来的集体主义道路打下了坚实的基础。虽然这一时期的集体化对于村庄来说是一个“被集体”的过程，但集体化对于村庄发展的重要意义不应被忽略：一是重塑了乡村的社会组织，特别是对于一个长期缺乏社会整合的村落来说，通过强制的集体化建立了乡村的社会秩序；二是依托集体的力量，村庄实现了依靠个体家庭无法完成的村庄公共事业，如平整土地、统一规划建房等。对于底层的农民来说，集体化为他们提供了一个重要的社会支持。因此，我们不应该否定集体化对村庄发展的意义。

对于村庄的权力结构来说，村庄在集体化的过程中形成了“集体经济＋公共权威”的权力格局。这一权力模式是基于集体主义再分配逻辑而形成的，具有庇护主义的特点。这一时期的集体主义道路到底是被动性的，还是建设性的？其对村民的利益到底产生了怎样的影响？处于国家与农民之间的村庄权威的行为模式是一个重要的影响因素，即村庄权威如何处理社区儒家道德和官方意识形态道德之间的张力关系，能否打造一个乡村利益共同体，是回答上述问题的关键。

与大多数村干部不同，常德盛将两者有机地结合起来，形成了德治权威。这一德治权威的树立首先是基于对村庄集体利益的保护，即始终把村庄的利益放在首位，特别是当不合理的政策给村庄带来不利影响时，德治权威可以以一种合适的方法来调和两者之间的矛盾；其次，常德盛以身作则的行动姿态带动了其他村民，在乡土社会这种熟人社会里，村干部的一举一动都被村民们看在眼里，因此他得到了村民们的情感认可；再次，常德盛的表现符合党的价值标准，他既有高度的党性觉悟，又有带领村民谋发展的能力，因此逐步得到了认可，被树立为村干部的典范；最后，在村庄发展的过程中，常德盛凭借着“天不能改，地一定要换”的精神，使蒋巷村逐步成为当地的农业模范村，使村民们在村庄之间的竞争中体验到了成就感。

第四章　工业发家：市场化时代再造集体与德治权威的强化

第一节　市场转型背景下的集体主义与德治权威何以维系

虽然蒋巷村在集体化道路中尝到了甜头，但是并不意味着集体主义就代表了中国农村发展的道路选择。正如黄宗智在《长江三角洲小农家庭与乡村发展》一书中关于“集体制下的过密化”所揭示的那样，集体化制度面临着人口之于土地压力过重的问题，人民公社体制非但没能解决好这一问题，反而使问题更加严重，这必定导致集体制的终结。[①]

20 世纪 80 年代，中国农村孕育了一场深层次的变革，农村已经开始实行家庭联产承包责任制。这场变革改变了中国农村的发展道路，带来了多

① 黄宗智：《长江三角洲小农家庭与乡村发展》，中华书局 1992 年版。

种多样的去集体化的社会与经济效应。对中国农村来说，市场并不是一个新鲜事物。如人类学家施坚雅在对四川盆地进行实地研究的基础上提出了以集镇为单位的市场体系分析范式。施认为集镇而非村落是研究中国农村社会生活更为合适的基本单位，为此他从方法论的角度提出，基层市场体系是一个可用作分析中国乡村社会的总体理论框架。① 这表明，中国的村落并不是封闭和孤立的，而是与外部世界处于有机的联系之中的。

20 世纪 80 年代的农村市场化改革不是简单地恢复过去的市场体系，而是使市场成为经济的主要整合机制，这极大地激发了中国农村经济发展的动力，促进了中国经济的腾飞。然而农村的这一市场化改革不仅是经济意义上的，同时也是政治、社会和文化意义上的。市场化改革对中国乡土社会权力结构和道德秩序的影响是全面而深刻的。

第一，家庭联产承包责任制的推行意味着国家正式权力逐步从村庄中退出，市场开始进入乡土社会，农民获得了对自己劳动的自由支配权和对经济活动的自由决策权，取得了相对独立的经济地位和人格地位，家庭重新成为农民生产和生活的基本单位，村庄的公共事务通过村民自治的方式来解决，村委会在法律上被赋予自治地位。村民自治成为填补国家治理在某些层面的空白的一种形式。国家在将生产经营权让渡给村民的同时，也将村民福利保障的责任转移给了村庄和村民。

第二，市场化改革给农民们带来了新的市场机遇，市场带来了更大范围的横向联系，扩大了生活的半径和范围，而不再局限于国家的再分配资源，因此改变了村庄与市场、政府与市场、家庭与市场的关系。对那些有市场意识的农民来说，通过“闯市场”可以获得比原先农业生产更高的经济收益，因此他们开始按捺不住那份“不安分”的心而投身到市场中去。此外，市场化改革也改变了原先的城乡关系，人口流动开始松动，这意味着他们不再局限于村庄中的资源，而是流动到市场中去寻找资源和发展机会，这不可避免地

---

① ［美］施坚雅：《中国农村的市场和社会结构》，史建云、徐秀丽译，中国社会科学出版社 1998 年版。

挑战了既有的乡村关系和权力结构。

第三，市场带来了新的社会分化。国家主导的集体化时代以追求社会平等为目标，因此可以说是经济上最为平等的时代。市场化改革意味着市场机制逐步取代再分配机制而成为经济的主要整合机制，因此，倪志伟提出了市场转型理论①。乡土社会的阶层结构随着市场化改革也发生了改变，社会出现了新的分化。这种村庄的分层导致公共权威发生了变化，进而也改变了村庄的治理逻辑。

第四，市场化改革改变了村民与村干部之间的纵向关系。制度主义学派认为，再分配时期集体和德治的出现是因为国家掌握各种资源和机会，并且确立了再分配者和生产者不同的社会地位，造成了生产者的依附性地位。由于市场化时期再分配体制被削弱，村干部的权威自然也受到了影响。乡村干部不再像集体化时期那样对村民拥有绝对的支配权，村民也不像以前那样对乡村干部存在全面的依赖性。原先村庄的生产、经营和分配都是由村干部安排的，现在村民们自己掌握了这些权力，因而减少了对村干部的敬畏之情。而对于村干部来说，由于掌握的再分配资源减少了，这导致他们在村庄公共物品组织和供给中陷入困境，因此也导致其权威的流失。特别是进入 20 世纪 90 年代以来，由于集体土地所有权的虚置、集体经济空壳化、乡镇企业破产、乡村治理由“块块为主”变为“条条为主”，导致乡村治权逐步丧失，从而使乡村治理无法有效达成，乡村秩序无法得以维护与延续。

第五，市场化改革带来了一种实用主义道德，以发家致富为导向的市场利益追求成了农民的生活目标，也成了衡量村庄发展的重要标准。个人利益得到了最大程度的认可和彰显，如此一来，对个体利益的追求和集体利益的实现之间的平衡就成了一个难题。特别是村社成员有了独立的利益诉求，并且这种诉求具有了道德上的正当性。刘新从更为隐秘的意义层面着

① Victor Nee, *A Theory of Market Transition: From Redistribution to Markets in State Socialism*, American Sociological Review, 1989, Vol. 54, No. 5, pp. 663 - 681.

手，基于对村民日常生活的分析，他认为市场是促使村民以自我为中心建构价值及与他人关系的重要因素。① 阎云翔甚至在《私人生活的变革：一个中国村庄里的爱情、家庭与亲密关系（1949—1999）》一书中指出，市场逻辑影响了村民的家庭关系、人际关系以及公共行为方式，在一定程度上导致了"无公德个人"的产生。② 阎云翔显然更关注的是共产主义实践对农民道德的约束以及传统观念中"破"的一维。村庄的道德秩序在市场化过程中得到重塑。正如陈佩华等已关注到的，市场规则在"革命"道德秩序的基础上形成了对村庄公共权威和村民间人际关系的重构。③

第六，市场化改革削弱了村庄的集体意识和集体认同。伴随着农村市场化改革，农民的就业开始多样化，社会流动增加，村庄的私人生活和公共生活都发生了重大变化。村民之间的陌生感增加、心理距离拉大，由此也进一步加剧了村庄的半熟人社会化。原先的亲密群体正在逐步解体，村民对村庄共同体的依赖和认同感下降，"我们感"逐渐被削弱甚至消失，村庄内生权威生成的社会基础不断地遭到削弱。④

市场化是否会导致蒋巷村集体主义的瓦解？在农村市场转型的过程中，村落的德治权威是否还可以延续？以及如何维系？这就需要回答，原先集体主义和德治权威的社会基础与经济基础是否发生了变化？特别是在市场化过程中，国家和村庄的联系机制、村庄与村民的联系机制发生了怎样的变化？

---

① Xin Liu, *In One's Own Shadow: An Ethnographic Account of the Condition of Post-Reform Rural China*, California: The University of California Press, 2000, pp. 98 - 153.

② [美] 阎云翔：《私人生活的变革：一个中国村庄里的爱情、家庭与亲密关系（1949—1999）》，龚小夏译，上海书店出版社 2006 年版。

③ [美] 陈佩华、赵文词、安戈：《当代中国农村历沧桑》，孙万国、杨敏如、韩建中译，（中国香港）牛津大学出版社 1997 年版。

④ 董磊明、陈柏峰、聂良波："结构混乱与迎法下乡——河南宋村法律实践的解读"，载《中国社会科学》2008 年第 5 期。

第二节　自上而下的“去集体化”改革

一、家庭联产承包责任制及村庄的选择

当1978年安徽小岗村18位村民按下手印开始推动家庭联产承包责任制的时候，蒋巷村的村民还投身在集体化热火朝天的建设过程中。学界围绕家庭联产承包责任制到底是自下而上的还是自上而下的这一主题已经产生了一些争论。这样的争论无疑忽视了中国农村以及农民内部的多样性。对于一些地区的农民来说，集体化生产也许是痛苦的经历，但是对于蒋巷村甚至整个苏南地区的农民来说却并非那么苦涩。蒋巷村在过去的集体化时代成了当地的模范村庄，农业上的出名让村民们都油然而生出一种集体荣誉感。集体化时期村庄所赢得的一系列荣誉强化了他们对村庄共同体的意识认同。此外，粮食高产也使得村民们得到了更多的收入。在这种背景下，农民们完全缺乏分田到户的积极性。

中央政策在关于是否包产到户的问题上也经历了一番争论。1978年，十一届三中全会通过的《农村人民公社工作条例（试行草案）》明确指出“不许包产到户”。1979年4月，中央在批转原国家农业委员会党组的报告中提出，“包产到户基本上和分田单干没有多少差别，所以是一种倒退”，凡是“搞了包干到户的地方要积极将农民组织起来”。同年9月，中央政策出现了松动。十一届四中全会规定，某些有特殊需要的副业生产和边远山区、交通不便的单家独户可以包干到户。到1982年时，中央已经在全国范围内推广包产到户了。该年，中央在批转《全国农村工作会议纪要》时指出，大包干和其他形式的责任制一样，“都是社会主义集体经济的生产责任制……只要群众不要求改变，就不要变动”。包干到户“不同于合作化以前的小私有的个体经济，而是社会主义农业经济的组成部分；随着生产力的发展，它将会逐步发展成更为完善的集体经济”。1983年1月，中共中央一号文件全面肯定了

家庭联产承包责任制，文件指出："联产承包责任制采取了统一经营与分散经营相结合的原则，使集体优越性和个人积极性同时得到发挥。这一制度的进一步完善和发展，必将使农业社会主义合作化的具体道路更加符合我国的实际。这是在党的领导下我国农民的伟大创造，是马克思主义农业合作化理论在我国实践中的新发展。"[①]

1981年冬，苏南地区也开始推行农村经济体制改革，先是在生产队推行"农、工、副三业分开"，以后逐步推行家庭联产承包责任制。相对而言，整个常熟地区的分田到户都是特别迟的，毕竟在苏南地区，整个生产组织比较健全，生活水平也相对较高，很少出现集体化时期没有饭吃的情景。1982年，常熟全面施行家庭联产承包责任制。1983年，常熟县委制定《常熟县农业联产承包、包干分配责任制试行条例》，先后培训和抽调干部下乡协助贯彻落实这一制度。这一年，常德盛也接到了关于分田到户的通知。收到通知时，常德盛有点儿想不通，蒋巷村在他的带领下，依靠集体的力量发展得非常好，充分体现了社会主义的优越性；如果不是依靠集体的力量，又如何开展如此大规模的兴修水利、农田基本建设呢？为什么在这种情况下突然要分田到户了呢？

村民们对分田到户有不同的观点。更多的老百姓是比较犹豫的。一方面，在集体化时期，劳动生产都是由大队和生产队干部统一组织管理，减轻了村民的压力；实行分田到户后，村民们需要自己考虑劳动生产的问题，并承担组织管理的压力。另一方面，劳动生产是高度分工的，多数村民只负责其中一项工作，他们并不懂如何从事全部的农业生产。至于什么时候下种子、什么时候施肥，更是由生产队队长安排的，很多村民缺乏关于农业生产的知识，因此他们会产生一定的担忧。另外，一些劳动能力较弱的村民并不希望实行分田到户，毕竟在集体化时期，这些较弱的劳动力是能够得到照顾的，但是实行分田到户后，大家都要自己承担责任了。那些在集体化时期处

① 张乐天：《告别理想：人民公社制度研究》，上海人民出版社2012年版。

于不利地位的人则倾向于实行分田到户。在集体化时期，这些富农阶层受到了打击，而分田到户让他们看到了“翻身”的希望。孙敬祖说，那个时候，他每天都在听中央广播，当知道中央要实行分田到户以后，他非常高兴，知道自己的好日子要来了，因此他对分田到户持欢迎态度。

不过，无论村庄层面上的村干部和村民对分田到户持什么态度，改革已经是大势所趋。常德盛说：“我一直讲，我要先社会主义，再现实主义。”他决定推迟实施分田到户，目的是想看看其他村子是如何实行的，看看人家的效果怎么样，从而吸取人家的经验教训。到后来看着其他村里都已经实行了，一些村民分田到户的愿望也越来越强，常德盛意识到分田到户的时机到了，终于在 1984 年，蒋巷村也开始实行家庭联产承包责任制。

分田到户首先是分田。分田的原则是由农户与村经济合作社签订土地承包合同，土地所有权仍归集体，农户只有使用权，不准买卖、出租、抛荒，或在承包地上擅自造房、掏沙。承包的方法是按人口分给口粮田，按劳力分给责任田，以田定产、归户计算。一个曾担任生产队会计的村民说，分田时生产队派出代表，一起去测量。按照实际面积分摊给每个劳力。比如一个劳力 4～5 亩，但是小孩子分不到责任田。此外，按照年龄将劳力分为“好劳力”和“次劳力”，对“次劳力”要进行打折。分田时最重要的是讲求平衡，即不管田的好坏远近，每家每户都要分到一块，分田采取抓阄的办法。总之分田到户体现了彻底的农民平均主义原则。家庭联产承包责任制改变了过去的分配关系，承包后的收益分配方式是，由承包户按总收获量扣除交售给国家订购量的任务后，其余粮食全归农户。棉花、油料除规定自留部分外，全部交售给国家。经济收入部分，除缴纳农业税、公积金、公益金、管理费外，其余归各户所有。也就是一般所说的，“交够国家的，留够集体的，剩下都是自己的”。分田到户后，原生产队已不再是生产经营单位，其财务设置随之也被取消。

分田到户其次是分生产队的集体财产。生产队的集体财产包括资金、拖拉机、脱粒机等大型生产工具以及船、马达等一些小型的生产工具。在当地大多数村庄里，这些生产队的集体财产也都全部被折价分给了生产队的村民。但是常德盛意识到，如果把全部的集体财产都分给村民，那么集体就名存实亡了，这样就很难组织实施一些村庄公共项目。于是常德盛决定将一些集体财产保留在大队。首先，生产队的资金全部转给了大队，虽然各个生产队的资金数量会有差别，但是这些钱被毫无保留地转交给大队。大队用这些钱进行统一规划、专款专用。常德盛把各个生产队的拖拉机、脱粒机等大型生产工具集中起来，成立了一个农业生产服务队，由大队统一调配。此外，各个生产队的仓库之类的设施也都被保留下来，小型的生产工具则被折价分给了村民。那些单个家庭就能承担的生产工具则卖给单个家庭，一些相对较大的生产工具则由几户村民共同出资合买。在讲到蒋巷村实行分田到户的方法时，常德盛说："我的原则就是能统则统，能分则分。我不是不想实行分田到户，我要慢点儿，我要有基础再实行，最终实现与党中央的步调保持一致，并且每一步都是根据实际情况经营的，不盲目跟风。"

有些村民并不理解常德盛的做法，毕竟在其他村子，生产队的生产工具全部被折价分给了村民，而蒋巷村却既不分也不卖，于是他们找到了常书记，要求书记给他们一个解释。常德盛对村民们说："分田到户是党中央的政策，我们要坚决执行，但是集体置办的财产，是分是留，中央并没有明确规定。党支部的意见是，我们要因地制宜，根据蒋巷村的情况，我们认为不分为好。蒋巷村实行集体化这么多年，终于有了一点儿机械化设备，集体的东西如果被分掉的话，一个好好的机器就变成了一堆废铁，对大家都没有好处。"常书记为集体的周到考虑得到了村民的理解和赞赏。

蒋巷村的分田到户不仅是迟到的，而且相对很多村庄来说也是不彻底的。这种迟到和不彻底是国家与村庄互动的产物。至少对于苏南地区来说，这场包产到户的改革是国家自上而下推动的。在推行包产到户的过程中，不仅村干部有抵触情绪，村民们也不太积极。对于蒋巷村来说，由于集体化时代的惯性，村民们已经接受了集体化时期的生产劳动方式，他们对分田到户反而心存疑虑。集体化时期的荣誉感强化了他们对村庄集体的依恋。这一推力和阻力互动的过程导致了蒋巷村包产到户的不彻底。

以包产到户为起点的农村市场化改革改变了国家对村庄的治理模式。首先，市场化改革后，乡村的权力结构发生了重要变化，政治权力收缩了，政府减少了对乡村经济、社会和文化的干预。[①] 在家庭联产承包责任制的背景下，生产队不再具备直接组织农民进行农业生产的职能，大队和公社对农业的管理方式也发生了变化，过去是强迫性、指令性的方式，而改革后则更多是指导性、帮助性的方式。这种治理方式的变化表明国家的权力相对而言收缩了。曾担任蒋巷村村主任的徐友泉在谈及这个变化时说：

“在没有实行分田到户之前，政府与村庄的关系是，乡抓到村，村抓到生产队，那个时候，政府90%的精力就是抓农业，工作汇报主要看的就是农业，每天组织学习农业生产经验。实行分田到户后，这个变化大了，从市里到乡里再到村里，除了抓好这个粮食生产外，主要是(抓)不能抛荒。”

国家权力收缩还表现在政府放松了对农民的管理，市场化改革给了农民相当程度的自由。一方面，政府不再把农民严格地限制在村社中，这使农民在空间上的自由流动成为可能，虽然这种流动并没有保证农民享受与市民相同的权利。另一方面，农民可以按照自己的意愿和判断来进行各项经济活动。在公社时期，农民是被严格地组织起来进行农业生产的，他们被严格限制从事各种私人市场经营活动，农业的生产也要服从上级指挥。市场化改革解除了这种束缚，农民可以自己走向市场，虽然来自政府的扶持还很少，但在意识形态上已经具有合法性。

不过，国家权力的收缩并不意味着国家的退出。一些学者认为，国家只是形式上的退出，而实质上并没有退出，即所谓的“责退权进”。首先，农业的去集体化经营并不意味着土地的私有化。拉夫注意到，土地在产权上仍

① 张乐天：《告别理想：人民公社制度研究》，上海人民出版社2012年版。

然属于生产队，最终归国家所有。这种潜在的土地产权总是会经常性地显现出来，有时还是以非常剧烈的方式显现，如当国家需要征用土地来修路或者建设水坝等公共设施的时候。生产队对土地的拥有也会经常显现，如土地调整的时候。在这一时期，尽管国家和生产队拥有对土地的产权，但是个人和家庭也总是设法扩大自身对土地的最大使用权，在符合国家权威的基础上寻求更大的利益。其中一个策略是交换土地或交易（短期）使用权，号称转包。还有一个策略就是去开拓荒山，并在上面种植粮食，并且这种产出是不需要交给国家的。①

蒋巷村在家庭联产承包责任制改革中并没有把村庄所有的集体资产全部分掉，这为未来的村庄集体创业打下了良好的基础。这一分田到户的方式既尊重了农民们分田到户、自主创业的愿望，激发了他们的生产积极性，同时又保留了集体，特别是集体创业的原始资本。这种原始资本不仅仅是未来集体创业的资金支持，更是一种情感和关系的纽带。

二、闯市场：村庄的工业化的初步尝试

市场转型意味着市场作为一种结构性的力量介入农村和农民的生活中，因而市场与国家的互动对农村的发展产生了重要影响。市场化改革为农民走向市场提供了机会。在人民公社时期，个体和私营工业经过社会主义改造成为集体工业。市场化改革后，国家开始在组织方式、政策及宣传上宽容和鼓励乡村自行发展乡镇工业，为乡村政府更多地参与企业发展提供了机遇和激励，乡村政府以前所未有的热情去推进乡村企业的发展。而对于村庄来说，包产到户在某种程度上已经动摇了村庄集体经济的根基，因此通过市场重塑集体经济成为村庄的迫切选择。

苏南地区长期以来就有手工业传统，对此，费孝通先生在《江村经济——中国农民的生活》中已有详细的阐述。这一传统即便在人民公社时

① Gregory A. Ruf, *Cadres and Kin: Making a Socialist Village in West China, 1921 - 1991*, California: Stanford University Press, 1998.

期也没有完全消失。苏南地区的农民在农业生产间隙从事花边、木工等手工副业，随着规模的扩大，一些农民成立了作坊，后来发展到毛衣、缝纫等手工业生产。1954 年 5 月，当地建立了唐市区手工业联社。1958 年，手工业社正式成立，下分铁业、木业和竹业三组。1959 年，该地以铁业组为骨干创办小五金厂，开任阳乡办工业之端。总体而言，这一时期当地的工业发展步履维艰，历经起落曲折。1967 年，歧泾大队率先创办窑厂。随后，永丰、胡桥、杏泾等大队相继办起机械、化工、轻工等小厂。在以后的几年中，十几个大队共办了二十多家工厂，如杏泾村 3 家，歧泾、双凤、长浜、徐政、陈泾、吴巷、浩泾 7 个村各 2 家，任阳、马沙、孙浜、蒋巷、永丰、渔业 6 个村各 1 家。蒋巷村在改革之初即创办了包装厂和窑厂。这些都是未来这一地区大力发展乡镇企业的基础。

农村市场化改革极大地刺激了农村乡镇企业的发展。由于苏南地区具有良好的手工业传统的基础，加上沿海地区得天独厚的地理位置以及地方政府相对开明的政策，苏南地区的工业企业获得了更快的发展。为支持乡镇企业发展，1978 年 3 月，公社建立了工业办公室；1983 年 12 月 14 日，成立了任阳乡经济联合委员会（简称经联会），设立经营管理办公室。全乡工业生产统归经联会下属机构工业公司具体管理。这一时期先后办起了电视机元件、化工、机械、塑料、电镀、服装、针织、建材、食品等工厂，工业得到了迅速发展。

要理解这一时期苏南地区乡镇和村办企业的发展，就必须考虑政府与企业的关系。与浙江的温州模式不同，苏南地区企业发展的主要特点是在政府扶持下集体企业得以快速发展。在这一地区，虽然政府对个体企业的发展放宽了限制，个体企业和私营企业也在一定程度上获得了发展；但是，乡村企业与私营企业还是呈现了不同的发展态势。个体企业和私营企业主要经营的是一些服务型的简单的修理加工等业务，如修理自行车、修理家电、服装加工、做纸箱等，具有一定规模的私营工业非常少。这些个体企业和私营企业的寿命都非常短，进入 20 世纪 90 年代后，这些企业大多倒闭或者转产。而集体企业发展的好坏在很大程度上反映出企业与政府关系的紧密程度。在表 4 - 1 中，我们列出了任阳镇乡镇企业和村办企业从 1978 年到 1994 年的发展情况。

表 4 - 1　任阳镇乡镇企业和村办企业发展情况（1978—1994）

年份	全镇工业总产值	乡镇企业					村办企业				
	金额/万元	企业数/个	年末职工人数/人	总产值/万元	占镇工业总产值/%	利润/万元	企业数/个	年末职工人数/人	总产值/万元	占镇工业总产值/%	利润/万元
1978	209	13	1 100	136	55.07	27.16	20	500	73	34.93	14.23
1979	466	15	1 219	295	63.33	87.87	22	537	171	36.67	42.86
1980	667	15	1 379	395	59.37	82.65	29	615	271	40.63	60.03
1981	901	17	1 648	553	61.37	69.49	27	879	348	38.63	68.52
1982	1 105	16	1 833	722	65.34	80.48	29	835	383	34.66	58.73
1983	1 549	16	2 002	1 034	66.75	138.90	27	1 106	515	33.25	65.33
1984	2 536	18	2 211	1 589	62.66	126.60	39	1 867	947	37.34	50.44
1985	4 414	19	2 430	2 584	63.29	283.0	52	2 703	1 560	36.71	104.10
1986	4 567	18	2 318	2 958	64.77	160.90	52	2 532	1 609	35.23	—50.22
1987	6 433	16	2 335	4 291	66.70	161.00	52	2 118	2 142	33.28	17.84
1988	10 672	16	2 867	7 271	67.81	268.80	44	2 683	3 401	31.76	95.15
1989	11 694	16	3 059	7 550	69.15	48.24	43	2 802	3 582	30.50	21.00
1990	15 281	16	2 903	9 581	61.88	337	47	3 055	5 700	36.82	—6.40
1991	27 200	17	3 165	18 453	67.15	410	45	3 493	8 747	31.83	43.90
1992	37 928	20	3 356	21 679	56.57	405	45	2 916	16 244	42.38	161
1993	47 667	20	3 244	26 133	54.09	232	45	2 887	21 534	44.57	149
1994	49 853	22	3 186	26 717	52.54	50	63	2 562	23 136	45.50	183

资料来源：《任阳镇志》，第 139—140 页。

从表 4 - 1 所列数据中我们不难看出，在 20 世纪 70 年代的时候，当地就已经有乡镇和村办企业了。这一时期的一个显著特点是各政府部门、事业单位纷纷开办了自己的企业。如任阳中学、任阳中心小学、任阳卫生院、任阳商业公司等都开办了自己单位的企业。20 世纪 80 年代中期，村办企业更加普及，出现了村村办厂的局面。如表 4 - 1 所示，1983 年，任阳镇还只有 27 个村办企业，到 1984 年就出现了 39 个，1985 年到 1987 年有 52 个村办企业，而到了 1988 年，村办企业又开始减少。这反映出虽然村办企业出现了遍地开花之势，但是这些村办企业的生命力非常脆弱，企业发展很不稳定。1986 年，全镇的村办企业陷入亏损状态，利润为－50.22 元。此后的几年，村办企业基本处于"半死不活"的状态，而镇办企业则在整个 20 世纪 80 年代实现了平稳发展。

总体而言，这一时期镇办企业比村办企业的发展态势更好，这是可以理解的。乡镇企业不仅仅是公司，它还与作为上级领导部门的政府保持千丝万缕的联系，政府指导、帮助和监督乡镇集体企业的生产活动，并从企业中收取管理费用。奥伊把这种企业的运作模式称为"地方国家法团主义"，意为地方政府像企业一样在运作。也就是说，政府与企业之间千丝万缕的联系是市场转型中农村企业的重要特点，那些党政"一把手"不仅组织制定了发展战略和政策，而且还直接参与项目引进、资金筹措、产品销售等具体事务。而村办企业相对而言获得资源的难度要大一些，由于没有政府的直接支持，村办企业在资金筹措、产品销售和项目审批方面都面临重重困难。访谈中，很多村民都表达了这样的印象，即在镇办企业中上班的工资要比村办企业中稍微高一些，企业效益也要好一些。这都表明这一时期政府支持对企业发展的重要意义。

对于蒋巷村来说，农业上的家庭联产承包责任制进一步释放了农民的劳动热情，农民的劳动积极性被充分调动起来，他们对改善生活条件的需求日益提高，迫切需要寻找新的出路，这种愿望就成了摆在村庄党组织面前的任务。常德盛说，这一时期，他的目标就是让村民"富口袋"，过上好日子。

在这一背景下，蒋巷村也开始了自己的工业发展之路。蒋巷村曾经是当地农业生产的典型，早在 20 世纪 70 年代的时候，它就已经是当地的模范村了，那个时候到蒋巷村来参观指导的上级领导和来交流学习的其他村庄的干部络绎不绝。随着周边其他村庄纷纷开始发展村办工业，这个曾经的先进村却逐渐失去了原有的在农业时期的优势。常德盛自己也承认说，他是农业问题专家，但是对工业发展却完全没有经验。很快，蒋巷村落了个“产粮巨人、工业短腿”的称呼，昔日的模范村逐渐落伍了。如今在蒋巷生态园民俗馆工作的蒋金元回忆说，他过去是支塘镇新庙村的村主任，在20世纪70年代末的时候，上级政府经常组织各村干部到蒋巷村学习农业发展经验；但是到了20世纪80年代末的时候，他开始接待蒋巷村的村主任到新庙村学习工业发展的经验了。这一反差使先进模范常德盛承受了很大的压力。

村庄发展工业首先需要解放思想、抢抓机遇，这对于固守农业传统特别是在农业集体化时代尝到甜头的蒋巷村村民来说是个很大的挑战。他们开始探索发展村庄工业。蒋巷村在这一时期用自给自足的小农经济模式探索并创办了各种工厂，当发现农民有改善居住生活的需求时，就决定办土窑烧制砖瓦；当发现农民有加工粮食和饲料的需求时，就办起了粮饲加工厂；为了方便村民购买日常生活用品，他们又开办日用品供应小店。这些创办工厂的经历，一方面反映了村庄迫切改善村民生活的愿望，另一方面又反映了村庄缺乏大的市场视野。由于这些企业规模很小，而且经济效益也并不好，因此企业只能容纳村庄中有文化、年纪轻的一小部分劳动力，大部分的剩余劳动力仍然无法被安置。

一些村民在工厂中的工作经历为我们了解这些工厂提供了一些信息。村民余夏华回忆说，1991年，她到蒋巷村来工作时最初是在塑料泡沫厂上班，当时的工资很低，大概是一个月100元，一个车间也只有二十几个人。几个村办企业分成多个车间，而且生产多个品种，技术含量低、重复建设严重是这一时期工业生产的普遍特点。蒋巷村的唐秘书曾经在任阳镇政府担任秘书多年，对这一时期工业发展的情况非常了解，关于这一时期企业效益不好的原因，他说：

“这里的人文化水平普遍比较低，交通闭塞，再加上这里的人与外界的联系很少，所以办不出什么名堂。看人家办什么厂，我们也办什么厂，跟着人家屁股后面转，这个肯定不行。这样会导致重复建设、产品报废等问题，由此造成了损失。我们这里基本上都是这种情况。”

村民文化水平低、交通闭塞、对市场不了解、重复建设、产量质量低下，这些是阻碍当地集体企业发展的重要因素。如何解决上述问题，常德盛心急如焚。如何开拓市场成了摆在他面前的首要问题，不过急切的常德盛等来的却是惨痛的教训。

随着集体企业经营环境的恶化，企业内部开始转变经营方式。这种政企合一的体制也面临着各种问题，如产权模糊、缺乏激励机制、企业效益低下等，针对这些情况，乡镇政府推行了一场以承包制为核心的改革。1986年，为了全面贯彻相关会议精神，更好地完成村党支部明确的利润指标，蒋巷塑料厂开始实行“车间核算超利分成”的结算方式，分成 4 个车间进行承包。根据承包协议，以生产车间为核算单位，每个车间每年需要向村里上缴 2 万元，企业经营盈亏自负。

1986 年，各个车间的收益都比较好，但是到了 1987 年，二车间开始经营不善，二车间王菊明负责结算上半年利润亏损。王菊明为了挽回亏损局面，便聘请了毛尧祥、方显岳经营该车间，王菊明任副手。在此期间，二车间主要生产玩具等产品，为了便于业务开展，二车间被改名为“常熟市塑料电器厂”。产品投产后，市场滞销，承包期内一直无法销售。后来产品被当作废料处理，经结算，共造成亏损近 13 万元。当厂方增派平仁泉同志找毛尧祥解决这笔款项时，毛尧祥找到了李建成这个“救命恩人”。毛尧祥将李建成带到我们单位后，李建成主动提出只利用我们单位的牌子，不要我们一分钱投资，他就能承担毛尧祥的全部债务，并且每年上缴 3 万元利润。1988 年 3 月 16 日，厂方与李建成签订承包合同，厂方当时要求李建成将毛尧祥的各项债务还清后才能办理各项手续，即在5月24日前偿还债务后合同才能正式生效。我们厂将合同专用章及业务专用章各一枚交给李建成开展业务活动，并通过银行账户汇划李建成经办的收支经济款项。李建成任厂长后常驻上海办事处，厂方派平仁泉同志与李建成联系，开始时没有察觉到不正常情况。产品投产后，因未见李建成开销货发票，平仁泉曾多次找他询问工作进度，李建成一再表示没有问题，他即将找到客户，并将与港商签订合同，请厂方放心、耐心等待，但直至案发日仍未有销售收入。

后果是，1989年年底，泰县工艺美术二厂封冻了我单位的银行账户，我们找到李建成时，李建成说，找他应对绝不会败诉，并一再表示请厂方放心，绝不会损失厂方一分钱，一切责任由他负责。事后，上门催款的单位越来越多，使村领导无法正常开展工作。后来，李建成又找来我们厂，他仍讲大话、空话、骗人的话，仍想蒙混过关，拖至承包期满后逃之夭夭，把近200万的经济损失嫁祸于厂方。更可恶的是，李建成把经济往来单位引入我村，转移矛盾，将矛头指向村庄负责人常德盛同志，他诬告常德盛同志要毁掉蒋巷村。为了惩罚犯罪分子，保护人民利益，避免或减少我们村的经济损失，我们强烈要求司法机关对李建成实行收容审查，依法处理。

以上是关于蒋巷村受骗200万的详细经历。村庄创业、受骗、企业亏损倒闭，这样的故事在20世纪80年代的乡镇企业和村办企业中并不是什么新鲜事。这也反映了这一时期村办企业的基本处境，以及村办企业创业的艰难。这一时期，蒋巷村的创业更多的是在没有政府帮助下的自主创业，这种缺乏政府支持的创业在当时是非常困难的。

对于一个只有700多人的村庄来说，200万的债务无疑是灭顶之灾。那些天，常德盛每天面对的就是到蒋巷村来讨债的企业，那些讨债的单位来自上海及昆山、太仓等地，共29家单位。尤其是蒋巷村在当时已经早有名气，这些来讨债的人更是常驻在任阳镇，以方便他们专门向蒋巷村讨债。这无疑是常德盛最为困难的时刻，眼看辛辛苦苦建立起来的模范村在天文数字的债务面前无能为力，他抱着妻子痛哭了一夜。村民们获知村庄被骗的事情后都纷纷来安慰他们的书记。在过去二三十年的村庄建设中，常德盛已经获得了村民们的充分信任，他们相信，这次常书记也能带领他们渡过难关。很快，有15家讨债单位把蒋巷村告到了法院，此时，村民们人心惶惶，担心村里的泡沫厂拖欠他们工资，有将近三分之一的村民因此离开了工厂，有的农户不同意卖余粮，因为他们害怕村里扣压粮款来还债。

为了打消村民们的疑虑，重新凝聚人心，常德盛抹干泪水，重振精神，他拿出了当年农业化时期平整土地的气魄，在全体村民会议上立下誓言："我们党支部有决心，只要大家有信心，我们在哪里跌倒，就从哪里爬起来。我在顺风时拼命干，遇到困难险阻时就要拼死干！舍命也要打好翻身仗！哪怕今天翻身明天没了命！"

显然，单靠村庄的能力是无法解决这场债务危机的。常德盛带领几位村骨干以诚恳的态度到各个讨债单位去说明情况，最终得到了人家的理解，较好地处理了债务纠纷。另外，蒋巷村和常德盛在集体化时期建立的一系列社会资本与政治资本发挥了重要的作用。地方政府对蒋巷村遭遇的这次困难特别重视，常熟市委书记亲自上门送来了用以缓解矛盾的资金，一些在过去与蒋巷村及常德盛个人建立良好关系的上级部门、兄弟单位和个人也在这个时候施以援手。任阳镇党委书记在蒋巷村危难之时，代表镇党委、镇政府向那些前来讨债的单位和个人明确表态，如果蒋巷村最终还不上债务，任阳镇将是蒋巷村的坚强后盾。这使得本来害怕讨不到债的单位和个人安下心来，很多单位也纷纷撤诉。蒋巷村终于得到了暂时喘息的机会。

蒋巷村从最初的创业尝试到中间经历惨痛的教训，最后在政府部门的帮助下缓解债务危机，整个过程表明，村庄与政府保持联系对村庄发展具有重要意义。最初，村庄所发展的工业实质是在缺少政府支持的情况下进行的自主创业，实践表明，这种创业难度非常高。之后，蒋巷村经历了企业的债务纠纷，面临村庄破产的危险，这种情况在其他村庄中也时有发生，然而正是凭借蒋巷村和常德盛在集体化时期积累的声誉及社会资本，村庄最后成功走出了困境。

三、走出危机及村庄集体工业的发展

暂时走出危机的蒋巷村面临的是重新创业的问题，而重新创业同样面临着市场、资金、审批等一系列问题。重新创业时选择一个新的行业是非常重要的，在此前村庄创办工业的过程中，蒋巷村选择的行业往往技术含量低、进入门槛低、市场竞争激烈。而这次重新创业，蒋巷村则选择了一个新的行业，即彩钢复合板行业。1992 年，泡沫厂的业务员王阿明从上海出差回来后，在向常德盛汇报时提出泡沫可以延伸生产彩钢复合板，这种复合板是一种替代墙体的新型轻质建材，这种产品建造方便、外观美观、造价低廉，应该具有良好的市场前景。听到这一信息后，常德盛非常兴奋，他连夜召开村委会会议，商讨新的创业计划。

经过一段时间的市场调研后，他们发现生产这一产品是可行的，轻质建材是当时建筑业的一种新型建材，用途广泛，可以建造各类轻体建筑物。这类产品在国外已经具有较多的应用，不过在国内尚属于新产品，市场前景较好。常德盛决定在原来泡沫厂的基础上创办轻型建材厂。在经受了上一次的严重挫折后，常德盛吸取了经验教训，这一次他亲自担任建材厂厂长。

与以前的塑料厂和泡沫厂不同，轻型建材厂的规模更大，需要的资金和土地支持要更多。刚走出困境的蒋巷村此时几乎没有自己的资金积累，自主创业的难度可想而知。而此时，各级地方政府给予了蒋巷村更大的帮助。虽然在 20 世纪 80 年代到 90 年代初，蒋巷村的工业发展并不顺利，在经济上也已经被其他一些村庄赶上，但是在过去 20 多年里，蒋巷村为自己赢得的声誉和社会资本却是其他村庄无法比拟的。各级领导都十分关注蒋巷村的发展，并随时给予帮助。在得知蒋巷村重新创业需要大量的资金时，蒋巷村的老朋友，时任盐城市委书记的曹兴福、省委农工部部长府培生等亲自出面为蒋巷村牵线搭桥、筹措资金。府培生曾于 20 世纪五六十年代在常熟县担任县委书记，他目睹了蒋巷村从贫穷落后的村庄发展成模范村的整个过程。

在这种上下级关系中，府培生成了常德盛的好朋友。常熟市地方政府更是给予了蒋巷村直接帮助，时任副市长胡正明为蒋巷村引进资金200万元，而常熟市各有关部门对蒋巷村申办轻质建材厂也给予了便利。任阳镇党委书记还为蒋巷村新办企业的银行贷款做经济担保。在上述政府部门的大力关心和支持下，常德盛在半年时间内就筹到了600万元资金，这些资金成为蒋巷村再创业的有力资本。1992年4月，在各方的帮助下，蒋巷村4 000多平方米的厂房建设终于竣工，彩钢复合板也正式投入生产。

尽管在各级政府部门的关心下蒋巷村成功创办了新的企业，但是产品的市场前景是更为重要的问题。轻质建材在当时是一种新型产品，虽然蒋巷村生产的轻质建材在产品各项性能上都符合技术要求，但客户却始终无法接受这种新型产品。那些满怀信心的业务员也总是碰钉子，市场完全不接受这种新的产品，业务员垂头丧气地回到了工厂。连续的挫折让常德盛和员工们都非常着急。常德盛意识到，产品在市场上遭受冷遇并不是因为产品质量的问题，而在于市场的信任问题。市场对新产品持有怀疑态度是非常正常的，为此他决定亲自出马到原来熟悉的领导和单位那儿去推销自己的产品。常德盛在总结当年拓展市场的经历时说，没有其他诀窍，就是靠“四千四万”精神：

“我这个董事长、总经理，带头当上推销员，走南闯北，上东下西，凭借‘千山万水走、千言万语讲、千艰万难求、千辛万苦磨’的‘四千四万’精神赢取了市场认可，得到了用户信任。经过全体村民和广大员工的共同奋斗，我们的企业终于走上了发展的快车道，并且以两三年翻一番的速度飞速增长，成为工业后起之秀。”

此外，过去积累的社会资本不仅帮助蒋巷村成功走出了债务危机，还帮助蒋巷村成功创办了新的企业，在开拓市场方面同样起了很大的作用。常德盛回忆起他接到第一批单子的经历时说道：

“我首先找到了当时担任副市长的胡正明，向他汇报了蒋巷村这一项目面临的问题。胡市长向我推荐了常熟市协作办主任顾家梁。顾家梁又介绍了自己的弟弟顾家椽，顾家椽原先是一家房地产公司的老总，当时担任常熟招商城管委会副主任。在考察蒋巷村的彩钢复合板生产的全过程后，顾家椽当下就和我们签下了建造500平方米的招商城房产公司售楼房的协议书。这是我接到的第一笔单子。”

接到第一笔单子的常德盛的兴奋心情溢于言表。常德盛很清楚，从副市长到协作办主任，再到房地产公司老总，这一笔单子经过了多个弯子，如果不是他在过去建立的这种坚实的政治资本和社会资本，这是很难实现的。之后，当他得知市饮食服务公司要在书院街东侧搭建一排小吃铺面时，常德盛意识到这是一次很好的市场机会，他找到了老朋友——市饮食服务公司的吴经理，朋友非常信赖常德盛的人品，很快与他签订了搭建200平方米小吃铺面的协议。

在苏北海门推销的一次经历令常德盛印象最为深刻。当时常德盛得知苏北海门有一家开发公司准备兴建一座厂房，他便主动找上门去。该开发公司的厂长姓陈，常德盛详细地向他介绍了彩钢复合板的性能、优点和市场前景。陈厂长对该产品表现出了较大的兴趣，但由于对产品本身不熟悉，所以一直比较犹豫。他问常德盛生产这个产品的工厂是不是现代化的大工厂，常德盛如实告知：“我们厂虽然是一家村办厂，但是绝对可以保证产品的质量。”陈厂长好奇地问常德盛是哪一个村的，常德盛告知是常熟蒋巷村。厂长非常兴奋，原来这个厂长原先担任过乡长，并且多次到蒋巷村来参观考察，对于常德盛的先进事迹已经非常了解。当他得知眼前的这位推销员竟然是常德盛本人时非常感动，当即决定与蒋巷村开展合作。

万事开头难，常德盛的这次创业无疑开了一个好头。在此后的两年时间里，常德盛通过以前建立的社会关系谈成了多个项目，成功打响了自己的品牌。毫无疑问，领导的支持、广泛的社会资源以及常德盛个人的人格魅力，是这一时期蒋巷村成功开拓市场的关键。蒋巷村的案例表明，市场转型并不意味着国家的退出，虽然国家对农村的治理模式已经发生了变化，但是国家与村庄之间的庇护关系并没有发生根本变化。黄宗智一针见血地指出："正确了解农作物生产和乡村工业，可以使我们看到过去集体制和今日改革之间的一些根本的连续性。"[①]这一时期，当政府仍然深深地介入农村的生产经营活动时，与政府建立的社会资本就能转化为村庄发展所需要的经济资本，而在蒋巷村，这些社会资本都集中在常德盛一个人的身上。农民自主走向市场的道路非常艰难，一些聪明的农民通过各种努力与地方政府建立了各种社会关系，即戴维所说的"市场共生庇护主义"，但是更多的农民则不具备这一能力，因而这一时期蒋巷村村办企业的顺利发展更多得益于常德盛的社会资本。

蒋巷村在各级政府部门的帮助下实现了成功创业。此后，蒋巷村真正迈向了市场，他们的工业企业在市场经济的大潮中发展得越来越好。这一次，他们已经不再局限于过去的小打小闹了，而是要开创一番大事业。在最初开办轻型建材企业时，由于市场上同类产品还非常少，因而蒋巷村的轻型建材迅速抢占了市场。从 1994 年起，常德盛在轻质建材厂的基础上扩大外延，发展系列产品，扩大产品覆盖面。除此之外，蒋巷村在彩钢复合板产品的基础上突出了钢结构生产。1995 年，该村建造了钢结构 车间，在该年年底，常德盛将蒋巷村的村办工业企业组建为江苏常盛集团公司。之后，常盛集团不断引进新技术、开发新产品，不断扩大企业的发展规模。2000 年投资 2 000 万元建造了钢结构二车间，建筑面积达到 3.5 万平方米。2002 年又投入 2 000 万元建造了钢结构三车间。此时，蒋巷村已经成为江苏省钢结构件生产基地，其生产规模在全省同类企业中名列首位。常盛集团从无到有、从小到大、从弱到强，已经发展为华东地区规模最大的轻重钢结构及轻质建材集团企业。目前，集团工业产品门类已涉及彩钢复合板、轻质建材、无纺机

① 黄宗智：《长江三角洲小农家庭与乡村发展》，中华书局 1992 年版。

械、非织造布、升降设备、风力发电等，工程遍布大江南北，产品销往全国20多个省、市、自治区。1993年至2003年，集团业务量和利税总额每年以40%的速度递增，"常盛"商标被评为江苏省著名商标，常德盛和村里的创业者们完成了从庄稼汉到企业家的成功转型。

这一时期的农村集体经济发展也不断得到了政策的支持。如1998年党的十五届三中全会通过的《中共中央关于农业和农村工作若干重大问题的决定》就明确指出："农民采用多种多样的股份合作制形式兴办经济实体，是改革中的新事物，要积极扶持，正确引导，逐步完善。以农民的劳动联合和农民的资本联合为主的集体经济，更应鼓励发展。"这在政策上赋予农村集体经济以新的内涵，即鼓励通过劳动和资本联合的多重方式来发展集体经济，同时突出了农民的产权和主体地位。

随着蒋巷村实现工业和农业"两条腿"走路，特别是他们成功地迈向市场后，蒋巷村开始逐步为自己赢得各种荣誉。1995年，蒋巷村被评为"苏州市综合经济实力百强村"，蒋巷村的成功使得它成为新农村发展的典范。20世纪80年代后期，省市级领导开始频繁考察这一个江南小村。领导的考察既是对蒋巷村发展的肯定，又进一步扩大了它的知名度。"明星村"的光环不仅意味着一种名誉，而且能够转化为村庄未来发展的政治资本和社会资本，特别是由于其坚持了集体主义的发展理念，在走向市场化的过程中实现了共同富裕，得到了农民的高度认可，这与国家意识形态高度一致，因而也得到了广泛的社会关注和高度的政治认可。

高度发达的工业经济成为村庄最为重要的集体资产，这为村庄的发展规划和村民福利提供了坚实的经济保障，为反哺农业、支持社会主义新农村建设积累了大量资金。从图4-1可以看出，20世纪90年代之后，蒋巷村的富裕和村民的福利从根本上取决于村办企业的发展。1995年，村办企业的销售收入为5340万元，而到2006年的时候，企业销售收入已经超过了10亿元，对于一个不到200户的村庄来说，这无疑是一个巨大的成就。

从村庄的治理来看，村庄与集体企业是一种共生共存的关系。集体企

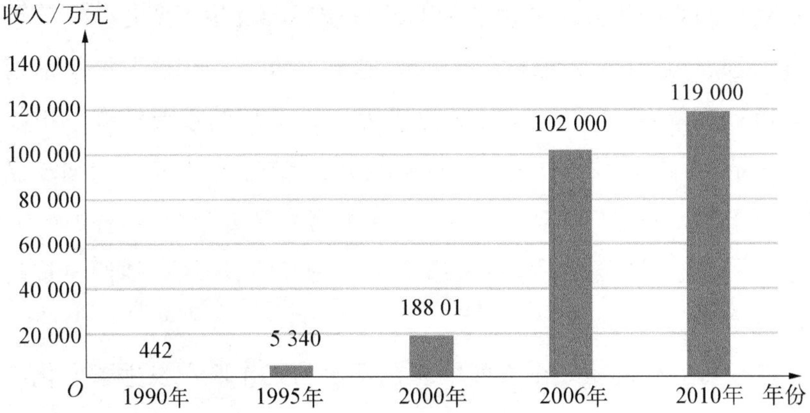

图 4－1　蒋巷村集团企业销售收入

业发展所依赖的土地、劳动力等资源来自村庄，而工业发展又促进了村庄的发展。与纯粹致力于获取经济利润的企业不同，村庄集体企业除了获取经济利益外，更为重要的是要实现社会利益，如优先安排村民的就业，将一定的利润作为村民福利分配及回馈社区再发展。在村庄和企业管理上，村干部既是致力于社区发展的代理人，又是国家政权在农村的代理人，还是集体资产的代理人。村干部是集体资产的直接代表，他们实际控制着集体资产的收益分配，这一兼具政治、经济和社会角色的三重代理人身份对于村庄精英的要求是极高的。首先，在理想意义上，他们应该具备公心，特别是以社区的利益为本，没有私心；其次，他们应该具有优秀的经营管理能力，能够实现集体资产的保值增值；最后，他们能够较好地理解和贯彻上级的政策精神，并与政府部门保持良好的沟通和合作关系。

第三节　德治权威的强化与再生产

一、市场转型对村庄权威的挑战

随着国家与村庄的联系机制发生了变化，村庄权威也发生了变化。村庄权威变化的第一个方面体现在干部的选拔标准发生了变化。在改革开放以前，阶级成分是选任干部的重要标准，这一时期的干部主要属于道德型权威。自市场改革后，适应市场的能力成为衡量干部的重要标准。正如阎云翔所指出的，那些贫下中农成了政治积极分子，在中华人民共和国成立后他们成了村干部，而曾经处于社会上层的地主富农则处于被打击的地位，市场化改革后，曾经被打击的对象很快适应了市场经济，不久后他们又重新登上了政治舞台。①

村庄权威变化的第二个方面体现在干部的工作职责发生了变化。在公社时期，生产安排、收入分配等工作都由干部来负责，农民只需要服从大队干部和生产队干部的安排即可，他们不需要关心生产队的管理问题。干部在粮食收获之后，要算出总产量、要上缴的税收、来年的种子、给“五保户”的补助以及其他大队公共开支等。在上述安排完成后，再按照工分给社员分配钱和粮食。而市场化改革后，农民自己获得了土地的经营管理权，现在每家每户自行管理责任田，农民粮食种得好坏与大队无关。在改革后，生产队队长只需传达上级指示，而不必直接领导农业生产。

村庄权威变化的第三个方面体现在干部与国家、干部与村民的联系于再分配体制下变得“虚化”了，“虚化”实质上是指干部的权力不再受到制度保障。正是这种权威的“虚化”导致了市场转型理论对干部权力是否缩小产生了争论。倪志伟(Victor Nee)提出，市场转型将从根本上改变再分配经济中以权力作为分层机制的状况。在这种情况下，作为干部的再分配者的权力将不可避免地被收缩(如图 4－2 所示)。他进而提出了三个命题，即市场权力论题、市场刺激命题和市场机会论题。这三个论题的核心意思是，市场转型将导致再分配权力让渡给市场权力。② 倪志伟的市场转型论题引发了一系列争论，罗纳塔斯提出了权力变型论，边燕杰、罗根提出了权力维续论、

① ［美］阎云翔：《礼物的流动：一个中国村庄中的互惠原则与社会网络》，李放春、刘瑜译，上海人民出版社 2000 年版。

② Victor Nee, *A Theory of Market Transition: From Redistribution to Markets in State Socialism*, American Sociological Review, 1989, Vol. 54, No. 5, pp. 663－681.

白威廉和麦宜生提出了政治市场论、魏昂德提出了政府即厂商的观点，上述观点较为共同的看法是：市场转型并没有导致再分配权力的缩小，再分配者的权力与市场紧密地结合在一起。事实上，上述两种观点都有一定的道理。我们不应该泛泛地去谈论干部的权力是扩大了还是缩小了，而应该把行动者纳入分析中来。在社会结构变迁中，一些村庄与国家的联系变得虚化了，同时干部也失去了往日的权力；然而，另一些村庄则与国家建立了更紧密的联系，干部的权威得以维系和再生产。常德盛无疑属于后者。

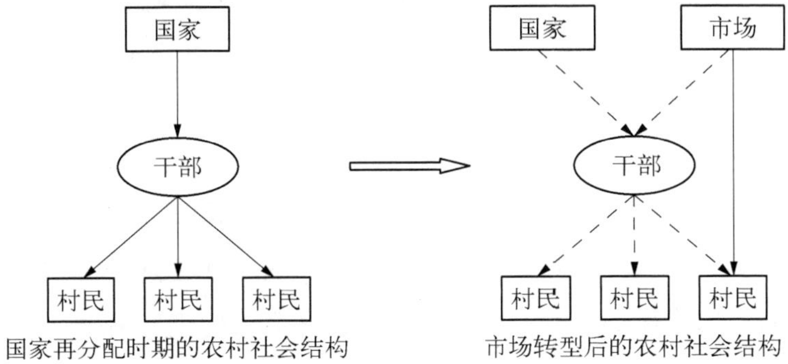

图 4－2　再分配时期与市场转型后的农村社会结构

二、成功创业强化的权威

在集体化时期，年轻的常德盛树立了个人权威，这一权威是建立在再分配制度基础上的。正如拉夫对四川乔楼村的研究所指出的，村干部权威的基础是集体经济。因此当家庭联产承包责任制对村干部的权威形成冲击的时候，他们意识到不应该马上进行分田到户，而是在建立新的集体经济基础后再实行分田到户。[①] 曾任新庙村村主任的蒋金元也指出，当村庄能成功发展集体工业的时候，村干部仍然具有分配工作和村庄福利的机会，因而就有可能维系自己的权威。这表明村庄权威是与集体经济紧密结合起来的，如

① Gregory A. Ruf, *Cadres and Kin: Making a Socialist Village in West China, 1921－1991*, California: Stanford University Press, 1998.

果缺乏集体经济的基础，村庄的权威就会失去根基。

因此，村庄的权威问题也就转换为集体经济的生产和再生产的问题。在集体化时期，常德盛带领着村民通过农田基本建设、大搞农业积肥，为村庄成功发展了集体经济。实行包产到户时，常德盛采取了不彻底的包产方式，把那些大型的生产工具都收归村集体所有，这为村庄在工业化时代发展集体经济打下了良好的基础。在最初走向市场时，村办工业并不成功，但其对维系权威却是特别重要的。首先，创办工业使得村干部掌握了分配村庄就业的机会。其次，集体经济除了创造就业机会外，更重要的是为村干部提供了分配村庄福利的可能。这一时期的社区养老金实践是强化常德盛个人权威的最好案例。

与全国其他地区相比，苏南地区的计划生育政策执行得最早，也最为严格。虽然苏南地区农民的生育意愿较其他地区要低很多，但在推行计划生育政策时仍然遇到了不小的阻力，因而村干部的权威在这个时期备受挑战。常德盛注意到，村民们不愿意执行计划生育是因为他们有后顾之忧，如果解决了这一问题，计划生育工作的推行就会容易很多。在这种情况下，常德盛决定用集体经济积累的资金给老年人发放养老金，解除他们的后顾之忧。随着这一时期村集体经济的不断发展，老年人的养老金水平也在不断提高。在常盛集团成立后，村庄的福利并不仅限于工作机会和老年福利，而是覆盖到各个方面，形成了今天的高福利模式。

在农村社会保障制度不完善的情况下，要求农民执行计划生育政策势必使得他们疑虑重重，进而导致村干部的权威丧失殆尽。与一般村干部不同，常德盛以给老年人发放养老金的方式打消了村民的疑虑。因此，社区养老是常德盛延续以德治村的重要举措，这使得常德盛的个人权威得以不断强化和再生产。

三、实用主义道德与德治权威的延续

市场化改革后，以工业为主体的集体经济生产高度依赖两个条件：一是村干部适应市场经济的能力；二是村干部的道德品性，即村干部必须一心为公，抑制自己的私心。然而在实践中，这两个条件经常是相互冲突的，市场经济讲求的是利益原则，而道德品性讲求的是奉献精神。

在集体化时期，常德盛依靠自己的道德行为得到了村民和上级干部的一致认同，这也为其奠定了在村庄中的权威。在市场经济的浪潮中，道德依然是维系常德盛个人权威的重要因素。如果说在集体化时期常德盛的道德行为主要体现在带头参加集体生产上面，那么在工业化创业时，常德盛的道德行为主要体现在他认真守护集体财产以及为了发展村庄企业而鞠躬尽瘁这两个方面。

在集体经济不断发展壮大的过程中，常德盛也获得了地方政府的各种经济奖励。经济奖励是按照市场绩效原则来确定的，目的是激发企业主和村干部更好地发展集体经济。毕竟对于大多数集体企业的企业主来说，单纯地依靠道德权威已经很难再发挥作用了，然而作为道德楷模的常德盛却在市场经济的浪潮中拒绝了正当的经济奖励。据村里的张会计介绍，常德盛每年都只领取部分奖励。比如，根据核定奖励，2001 年他应该领取 20.2 万元，但他实际只领了 10.2 万元。在 1993 年之后的十多年间，常德盛个人少领取核定报酬将近 200 万元。在集体化时期，常德盛不计物质回报，全心全意为集体奉献的行为与集体化的精神要求是一致的。但是在市场化时期，这一道德模范行为却是一把双刃剑。一方面，常德盛个人的道德行为得到了村民们的高度认可，这使得他这一道德型权威得以延续。另一方面，这一超越了市场原则的道德行为对于集体企业的发展却并非总是有效的。常德盛希望通过自己的模范行为来带动其他人一起为集体经济做奉献，但是对于其他人来说，经济利益是更为重要的。因此，当常德盛用道德规范来治理企业时，就出现了企业激励不足的困境。

除了不计物质回报外，常德盛这一时期的道德权威更体现在他发展村庄工业过程中的拼命三郎精神。那些在企业里上班且熟悉常德盛的村民们向我们介绍了很多关于常德盛的感人事迹。村民们说，在工业创业时，常书记是最为辛苦的，每天起早贪黑地为工厂开展业务。曾经为常德盛担任司机的小余说，有一次，常德盛在去南京推销业务时出了车祸，他的左眼被撞瘪，膝盖骨骨折，整口牙齿被撞错位。那个时候，全村村民都很震惊，很多村民更是放声大哭，他们被村支书这种为了集体事业而不顾自己身体的精神所感动。对于村民来说，这一时期的常德盛不仅带领他们成功创办了村办企业，使村庄经济不断壮大；更重要的在于，常德盛始终如一地心系集体，始终将集体的利益摆在首位，这样的道德模范在市场化时期是无比稀缺的。常德盛的道德模范行为使其自身权威得到进一步的延续和强化。

四、权威的再次实践：土地重新整合

从土地的集体化经营到分田到户，这一过程是由国家权力推行的。随着苏南地区城市化、工业化的不断发展，土地整合又成为一种新的趋势和需求。实行家庭联产承包责任制之后，分田时充分讲求平衡，农民实现了最为彻底的平均主义分配。这种平均主义的分田原则满足了农民的平均主义心态，但是对农田的整体耕种却并不十分有利。

土地重新整合对提高农田的耕作效率无疑是有益的，但是如何将分散的农民家庭经营的土地重新整合起来却并不容易。每个家庭都有着自己的利益诉求，完全依靠市场手段无法实现大规模的土地整合。苏南地区的工业化发展是最早的，早在20世纪80年代末，该地区就已经有种田大户出现了，但是直到现在，也很少出现整体性的土地重新整合。而蒋巷村却完成了其他村庄无法完成的土地整合任务，这是如何实现的呢？

土地重新整合需要多重条件，首先，它是产业结构和就业结构转变的结果。随着农村的市场化改革，乡村工业和第三产业获得了快速的发展，大批劳动力特别是年轻人都乐意到工厂里上班，劳动力向非农产业转移，这一时期的年轻人对土地完全失去了感情。村民余夏华说，她从学校毕业后就直接到工厂工作，因为几乎没有农业生产的经验，因而根本不想种田，那个时候，家里的责任田都是公公婆婆种的。

其次，除了年轻人的就业结构发生变化外，老年人的就业结构也发生了变化。随着村办工业的发展，蒋巷村发展起了养殖业，最初是创建养牛场，养牛场总共1 000多头牛，总共可以解决四五十个村民的工作。此后，养牛场转为养殖场，养殖品种包括羊、猪、鸡等，原先养牛场的村民又到养殖场来，养殖场主要向村办企业的食堂供应食材，这一新的产业为村里的老年人和妇女提供了就业机会。在蒋巷村，由于村办企业和其他产业高度发达，能解决不同层次劳动力的就业需求，这使得土地流转成为客观需要。其他村庄由于没有高度发达的企业，那些相对较弱的劳动力就无法实现非农就业，从事农业生产依然是他们最重要的就业选择。

1987年，蒋巷村出现了第一块实行统一耕作的土地，这一时期的操作方式尚不能称为土地流转。当时村中有一块几十亩的土地，由于这块土地地势低洼、粮食产量低，村民们就想放弃种植这块土地，于是出现了抛荒的现象。蒋巷村将这块土地统一收起来，村民蒋阿毛发挥共产党员模范带头作用，把这块土地承包了，成立了一个家庭农场。这是全乡成立的第一个家庭农场，因而引起了上级政府的关注，《苏州日报》对这件事进行了专门的报道，这也反映出土地整合及流转已经成为地方政府关注的问题。

产业结构和就业结构的调整只是土地流转的前提，但并非充分条件。毕竟产业结构的调整是整个苏南地区的共同特点，但是像蒋巷村这样实现全面的土地重新整合的却是个案。在这一过程中，常德盛发挥了关键的作用。在最初不规范的土地流转后，常德盛认为村委会应该全面介入土地流转中去，而这一时期蒋巷村已经具备了充分的条件。随着村办工业逐步走向正轨，越来越多的村民开始到企业去上班，工业效益的提高为工业反哺农业提供了可能。常德盛要求村民统一把土地上交给村里，然后由村里统一安排种田大户来经营。土地流转最初是只把责任田流转，到2000年以后，村民的口粮田也流转了。种田大户采取自愿报名的方式，依据的是宜工则工、宜农则农的原则。土地被统一上交后，村民的口粮由村里6角钱一斤的价格统一供给，这对村民来说无疑是一笔合算的交易。蒋巷村的唐秘书说，蒋巷村的土地流转本质上是工业反哺农业，纯粹从农业经营来看是亏本的：

“我们这里的稻谷都要几块钱一斤。去年运了几千斤牛粪到种田大户地里，前年搞了多少有机肥，每年还要贴补他们机耕费、水费、肥料费，贴补后我们将稻谷收购回来，别的村庄以每斤8到9角的价格收购，我们则是以每斤1元左右的价格收购。我贴进去的肥料还没算，加起来的话，每斤2元都不止，这比市场价高很多倍。在别的村里，你自己的田自己种，关我什么事啊？你要做大户，包几十亩地；你不做大户的，种几亩地。肥料、种子，全部是你自己的，谁管啊？而在我们这里，肥料、种子都是村里包了，种子十几元一斤，都是优质品种。蒋巷村的收益主要靠工业，工业发展好了后，就是工业反哺农业。”

除了工业反哺农业外，蒋巷村还为种田大户提供了各种服务。种田大户的耕作机器、肥料均由村里统一组织，农药水由村里统一购买，其他水利服务、机电服务也由村里统一安排。到年终种田大户上交给村里粮食后再统一结算。正是由于集体的介入，蒋巷村的农田实现了统一规划。而在周边其他村庄，虽然也有种田大户，但这些村庄的种田大户主要是由农民自发组织的，村委会主要发挥见证的作用。

蒋巷村全村的农田由16个大户来承包经营，如果是单个农户，则每人承包40～50亩，如果是夫妻承包，则共承包80亩左右。租种的田亩数由村里统一规定，这些农户称为规模经营户。常德盛说：“我们要控制每个种田大户的租种土地面积，不能太大，如果一个种田大户种的田太多的话，就成为‘地主’了，他自己就不用干活儿了。我们要人人有活儿干，使村民收入保持平衡。”

不难看出，蒋巷村之所以能够实现土地的重新整合，是因为产业结构和就业结构调整的需要，而更重要的则是依靠村庄权威的组织和动员能力。由于这种很强的组织和动员能力，村庄在土地重新整合时几乎没有遇到任何阻碍。村庄的这种组织动员是建立在保障村民利益的基础上的，蒋巷村将工业收入反哺农业，村民们在这种利益刺激的基础上重新实现了土地的整合。

土地的重新整合使得蒋巷村像集体化时期一样运作，不过这一时期的土地整合与集体化时期有着本质的区别。首先，这次土地重新整合是在家庭联产承包责任制实行后而实现的，农民自愿上交土地给村庄，村庄以低价卖给农民口粮，在这里，农民与村庄之间是一种交换关系。其次，在生产管理方式上，虽然村庄仍然介入农业生产中，但是这个时候的村庄主要扮演一种服务型的角色，种田大户自身承担农田经营的责任，自负盈亏，这与集体化时期是完全不同的。在这种模式下，种田大户的责任心开始增强。最后，蒋巷村的土地重新整合意味着市场原则与集体原则结合起来，在此过程中既可以发挥市场机制的激励作用，又可以发挥村庄对每个种田大户的土地调控的作用，从而使得种田大户的收入与其他村民的收入达到大致的平衡。

五、第二次村庄建房

常德盛说，第一次村庄统一建房的难度主要是经济问题，而第二次村庄建房的难度则主要是思想问题。第一次建房的经济困难是相对比较难解决的，那个时候他一个人承担经济上的责任，到处去借钱找建房材料，但动员村民是非常容易的，而且村民们建房后很快就还清了村里的账。但这次，经济不困难了，动员村民的难度却非常高。村主任徐惠平说："那个时候（第一次统一盖房），除了经济条件外，村民们不需要动员，他们有自然的积极性。只要解决了经济问题，他们都乐意建房。这次则是一次发展中的斗争。"

"发展中的斗争"表明村庄权威在不断强化和再生产的过程中遇到了新的挑战。显然，集体化时期权威的运作机制和市场条件下权威的运作机制发生了很大的变化。在集体化时期，生产队和大队是主要的决策单位，村民个体和家庭的权力空间非常小。虽然服从生产队的安排可能会与家庭的利益之间产生矛盾，但是在权力的对比下，家庭利益是从属于生产队的，这使得以生产队或者大队为决策单位的集体行动成为可能。而在市场条件下，村庄和村民个体的权力格局发生了变化，家庭成了首要的决策单位，而每个家庭的利益是不同的，这也导致会出现不同的家庭决策，由于村庄的权力已经缩小，这使得以村庄为决策单位的集体行动成为困难，村干部的权力也遭遇了潜在的挑战。蒋巷村的第二次建房则是权威遭遇挑战的最好案例。

与第一次统一建房相比，第二次村庄规划显然是更为正式和科学的。1995 年，蒋巷村通过了《蒋巷村 1996 年—2000 年现代化建设总体规划》，这次规划得到了常熟市领导的关注。常熟市委副书记等领导、24 个有关部门和 11 名专家参加了这次规划论证会。这次规划即第三章所介绍的村庄格局的雏形。

从文本上看，这次规划近乎完美，它已经前瞻性地考虑到了各方面的问题。比如，常德盛意识到，随着农民生活水平的提高，他们会萌发新的建房需求，而潮流别墅和封闭式的楼房是未来的趋势，常德盛在村民还没有开始建房的时候就先行一步，打算替村民先建好两层小别墅，这个设想无疑具有前瞻性。首先，因为一旦村民自发建房后再来统一组织，难度则很高；其次，这次规划将居住区和生产区分开、工业园区和农业园区分开，既考虑了环境的优美，又考虑了耕地的有效利用；再次，根据这次规划，蒋巷村建立了老年公寓，老年人和年轻人分开居住，有利于缓解代际矛盾，充分考虑了农民的家庭需要；最后，常德盛甚至考虑到村民们有在房前屋后种植蔬菜的习惯，于是在居住区旁边统一开辟了一块自留地，每户村民一分地，可以很好地满足村民就近种植蔬菜的需求。

除了上述很周到的考虑外，常德盛在操作上也充分考虑了农民的实际情况。比如，村民对新房的需求存在差异，因此就按照自愿原则分批搬入；再如，根据村民的经济收入情况，村里决定贴钱盖房，先是由村庄统一把房子盖好，然后村民再交钱入住。而在第一次盖房子时，虽然村民们从村里借钱借材料，毕竟还是需要自己来张罗。不仅如此，在新房的价格上还给予村民很大的优惠，村民只要花 12.8 万元就能得到一套两层的小别墅。而按照现在的市场价格，这套房子的价值可达到 30 万元，即便按照 2000 年第一批搬进去时的市场价格计算，也要 20 万元左右。

如此完美的规划在实践上理应是非常顺畅的，但是在动员村民时却遇到了各种困难，村主任徐惠平甚至说，“这是一次发展中的斗争”。1998 年，第一批别墅完工，村领导挨家挨户去做村民的动员工作。这次的动员工作做得很困难，因为村民们有不一致的想法。对于一些村民来说，旧的两层楼房盖了不到 20 年，没有到换房子的程度，因此没有搬入新房的意愿。这栋别墅虽然在价格上很优惠，但是对于很多村民来说拿出这样一笔钱还是比较困难的，购买能力的不足抑制了他们搬入新居的想法。村民们对别墅的价格也有不同的看法，有些村民认为这个价格是比较合理的，有些则认为这个价格偏高了，甚至有一些村民认为应该免费。另外，不同代际对新别墅也有不同的看法，年轻人比较向往这种时髦的现代化的居住环境，老年人则比较留恋原来的房子，因为居住在原来的房子里感觉更加自由，也符合老年人的生活习惯。村民不愿意搬迁的另一个原因是，这个新的生活区有一部分原先是一座公墓，村民们都不愿意搬到这个地方来。总之，在完美规划的后面遇到的是重重的障碍。徐惠平在回忆当时做动员工作的难度时说：“我原来去做过他们的思想工作，被他们推出来、骂出来，说得很难听，我甚至眼泪都掉下来，老书记还让我坚持过去。”

在这种情况下，村干部决定先带头搬进来，农民根据自己的意愿逐步搬进来，随着搬进来的人越来越多，其他农民也跟风式地搬进来了，到最后甚至出现抢着要搬进去的现象。整个别墅工程分两批搬进入住，第一批在 2000 年前后，第二批则在 2004 年前后。搬进新别墅的顺序按照随机抓阄的原则来确定，并在一次性把钱付清后才能搬进入住。因为考虑到一些村民有经济困难，所以有些经济困难的村民在钱没有付清的情况下也可以先搬进来。

农民们逐步搬进新的房子后，蒋巷村开始拆除老房子并重新进行土地平整。与搬房子的动员工作相比，拆老房子的动员工作更难，特别是最后一批老房子。根据村里的协议，每户村民只能有一套房子，在搬进新房子后，村里就有权把老房子拆除，对此村里给予每户1.6万元的补贴。尽管有着明确的协议，一些村民还是不愿意拆老房子。一个在蒋巷村工作的非本村人说，“蒋巷村的集体主义道路当然是因为常书记的带领，但是集体化也养了一批懒人，很多人只知道向村里索取”。他给笔者列举了一个村民因为拆房子而和村里打官司的例子：

“一个40多岁的村民，几年前和妻子离婚了，他就到外地去入赘了。他前妻的户口在村里，所以要求村里分给她一套别墅。后来那个村民又回来了，他也要求分套别墅。当时没有房子，他就先住在一个村民的老房子里。后来分到了别墅，他占着两套房子，现在要他搬，他要求村里出精神损失费。村里说，要多少钱，他说20万，后来降为5万。现在村里准备和他打官司。”

该外村人还给笔者列举了其他类似的例子。在这里，笔者无意去讨论此中的是与非，但这些事例至少表明这一时期的村庄环境和村民意识已经发生了很大的变化。在访谈过程中，那些老年人普遍表示，当时他们盖完房子后都很快把向村里借的钱还掉了。但是这次建房，村民们则不那么积极了，一种比较明显的情绪是：“反正是欠村里的钱，不用那么急着还，况且大家都借了村里的钱，大家都不急着还，我为什么要积极还呢？”

第二次建房出现的上述问题在一定程度上也表明，村庄权威在新的形势下遭遇了潜在的挑战。虽然权威一如既往地为村庄谋取福利，但权威的整合环境已经发生了变化。在集体化时期，个体和家庭利益并没有表达的空间，强烈的集体意识更是使村民愿意服从权威的领导。市场化改革不仅激发了村民的个体利益冲动，而且削弱了村民的集体意识，这使得村庄权威在整合村庄时遇到困难。而这个决策就意味着必须利用包括每个家庭的劳力和各家承包的土地在内的村庄集体资源，也意味着即便是国家不再倡导集体主义而是强调“个人承包，个人受益”，这个村庄也注定要将集体化的生活生产模式延续下去。

蒋巷村虽然在集体建房中遇到了上述挑战，但最终还是通过规划实现了更强的整合。对于村民来说，他们的居住水平明显提高，居住环境得到了明显改善，这让这些世代在农村劳作的农民住上高端别墅也令他们体验到了极大的成就感和幸福感。另外，市场化虽然不可避免地造成了社会的分化，但是村庄仍然坚持了“平均化”的分配方式，通过为村民提供均等的集体工作机会、村庄集体福利以及标准别墅，强化了村民对村庄的进一步认同，使村庄实现了更高程度的整合。

第五章　旅游旺家：后改制时代的集体延续与德治权威升华

第一节　集体主义村庄产权变革的理论基础

一、产权之变：新权利基础上的制度选择

在家庭联产承包责任制实行之后，蒋巷村的集体并没有像其他村庄一样解体，相反，他们在常德盛的带领下投身于市场，虽然经历了各种困境，但最终在村庄工业方面取得了巨大的成就。农村的市场化改革并没有导致集体和村庄权威的消解，通过村庄工业的发展反而实现了市场化时期的集体再造，而这一集体再造是建立在农村集体产权基础上的，因此集体产权是理解集体主义村落的重要切入点。

产权问题一直是经济学最为核心的研究议题，而集体产权作为一种特殊的制度安排是理解中国经济发展的重要概念。周其仁指出，农村集体产权是农村社区成员集体对其所拥有集体资产享有的占有、使用、收益和处分

的权利，是由国家控制但由集体来承受其控制结果的一种农村社会主义制度安排。在他看来，集体产权是不明晰的产权，是没有效率的产权。[①] 这种无效率表现为诸如产权虚置而导致的管理低效、利益分配的不透明以及集体产权下的弱激励等一系列问题，而其中的核心问题是：集体资产由于缺乏清晰的产权归属，导致边界模糊，个人的权能不完整，以及名义上是人人所有，但实际管理上又陷入无人管理的境地。

社会学家则主要从社会关系的视角来理解产权的制度建构。周雪光从社会学制度学派出发，提出了"关系产权"的概念，强调产权是一束关系。从这一逻辑出发，产权结构和形式并不像经济学家所说的那样反映了企业的独立性；恰恰相反，产权反映了一个组织与其环境即其他组织、制度环境或者组织内部不同群体之间稳定的交往关联。[②] 申静、王汉生基于社会学视角的研究发现，集体产权实际上是对行动者之间关系的界定，最终表现为集体内成员间的权利分享。[③]

由于集体所有权主体模糊，且所有权主体的权利和义务没有被明确界定，这种产权制度强调的是集体成员的身份特征，换言之，一个人要拥有某种集体产权，就必须首先确定自己的集体成员身份特征，即成为该集体的一名正式成员。[④] 在这种产权制度下，个体的权利义务是不清晰的。在权利义务不清晰的情况下，代理人的品性成为集体成员利益实现的关键变量。当代理人秉承着全心全意为集体服务，把集体成员的利益诉求变成自己的利益诉求的时候，集体成员的利益就能得到保障。反之，当代理人不以集体成员的利益为自己的利益诉求时，同样是个人利益最大化者的代理人的目标可能会偏离全部集体成员的目标，如此一来，集体产权最终实现的利益就不

① 周其仁："中国农村改革：国家和所有权关系的变化(下)——一个经济制度变迁史的回顾"，载《管理世界》1995年第4期。
② 周雪光："'关系产权'：产权制度的一个社会学解释"，载《社会学研究》2005年第2期。
③ 申静、王汉生："集体产权在中国乡村生活中的实践逻辑——社会学视角下的产权建构过程"，载《社会学研究》2005年第1期。
④ 万举："公共产权、集体产权与中国转型经济"，载《财经问题研究》2007年第5期。

会同集体成员应获得的产权利益相一致了。[①] 这一研究表明，集体产权与德治权威在某种意义上是具有亲和性的。

农村集体产权的上述权属不清以及产权虚置等问题迫切要求推进集体产权制度变革，这一改革的目标是建立"归属清晰、权责明确、利益共享、保护严格、流转规范、监管有力"的村级集体经济组织产权制度，改变原先党政经不分的集体资产管理制度。2008 年，党的十七届三中全会通过的《中共中央关于推进农村改革发展若干重大问题的决定》提出："统一经营要向发展农户联合与合作，形成多元化、多层次、多形式经营服务体系的方向转变，发展集体经济、增强集体组织服务功能……"这一决定特别强调在农户自愿的基础上发展农户之间的互助合作，因而代表了新型的集体经济模式。这一新型集体经济模式最为核心的特点是成员权属清晰，成员具有进入权或者退出权。产权清晰影响了集体经济的组织管理模式，特别是有利于实现集体经济治理的民主化，使集体经济治理不再过度依赖一个道德型权威。

集体经济产权的变革是否会导致村庄治理结构以及村庄权威的转型？周雪光从关系产权的角度进一步做出了解释。他指出，从关系产权角度来看，这种"庇护关系"是建立在类似于血缘关系的"圈内归属"之上的。正如血缘关系具有超越短期功利诱惑的能力一样，产权基础上的关系亦具有超越其他功利性的稳定性，而这正是地方政府和所辖区域内企业之间关系的一个均衡点。周雪光的解释给我们的启示在于，我们不应仅仅看到企业改制这一事实本身，而应关注更为重要的变量——产权基础上的关系。产权基础上的关系既包括国家与村庄的关系，也包括村庄与企业的关系。

二、内心艰难的改制

20 世纪 90 年代，由于集体企业面临着产权不明晰的问题，企业的经营出现了严重的问题，在这一情况下，集体企业产权明晰化成为这一时期的主

---

① 万举："公共产权、集体产权与中国转型经济"，载《财经问题研究》2007 年第 5 期。

要任务。实际上，广东等沿海地区的村庄早在20世纪80年代后期就已经开始了集体产权制度的改革实践，并取得了初步的成效。

蒋巷村的例子无疑是上述观点的最好例证。企业改制前，集体产权是村庄经济的主要特征。集体经济的高度发达为村民的高福利奠定了基础。而这一模式之所以在蒋巷村能够顺畅运转，很大程度上是因为它有一个恪守传统社区伦理的村支书。村民们对集体经济分配的权利的了解并不清晰，他们在说到自己获得的福利时，谈论的不是这是自己应得的，而是感激他们有一位大公无私的村支书。进入21世纪以后，村庄面临着越来越大的改制压力，并最终在上级政府的压力下推行了改制。

2000年，蒋巷村的村办企业发展进入了高速阶段，企业效益的提高对村庄的社会经济发展具有重要的意义。一方面，企业效益的提高为村庄提供了更多的发展资金和社会福利，村庄的福利形式从实物转化为货币，最开始是每人每年800元，以后则是逐步提高；另一方面，这一时期村民在企业中的工资收入不断提高，一些村民已经搬进了新建的别墅，村民的满足之情溢于言表。总之，在这个超级村庄里，一切都显得非常和谐。

不过，村庄很快在2004年迎来了最为重要的事件，即企业的改制。到2004年的时候，集体企业的改制已经不是什么新鲜事儿了，蒋巷村几乎已经是最后一批实行企业改制的了。在国家层面上，中央早就已经为改制做了意识形态和政策的合理性阐述，很多大型国有企业虽然偶尔也会遇到一些障碍，但都已经在20世纪的最后几年顺利完成了改制。而在地方层面上，镇办企业和村办企业等集体企业早在20世纪90年代中期就迅速地完成了改制。在对周围其他村庄的访谈中我们得知，这些企业改制是如此的悄无声息，几乎很少有什么阻力。即便在蒋巷村，企业转换经营方式也不是什么新鲜事物，最初创办的泡沫厂、塑料厂都曾采取承包等经营方式来提升企业经营效益。

然而，尽管有以上背景，蒋巷村的这次企业改制还是遭遇了空前的张力。而这一张力首先就是身为道德模范的村支书常德盛自己内心的张力。

常德盛说，企业改制的事情使他好几天没睡着觉。虽然在村庄历次发展中，他也多次经历这种彷徨的时刻，但企业改制对他的考验无疑是最大的。对于其他村干部来说，企业改制也许是一件很容易的事，但对于常德盛来说却是特别困难的，改制是否会导致原先集体经济的瓦解，改制后如何处理村庄发展与个人利益的关系，改制后的人心如何凝聚……这些都是对常德盛的巨大挑战。在常德盛面前，有三个问题要处理：一是要不要进行企业改制，二是如何改制，三是改制以后的村庄将如何发展。

关于第一个问题的答案，似乎是没有什么疑问的，无论从哪个角度来看，改制都已经是企业的必然选择。首先，在政策方针上，国家在 20 世纪 90 年代就已经明确，为了转变企业的经营机制，国有企业和集体企业应该实行改制。在蒋巷村成功创办常盛集团的时候，周边的村庄恰恰正在进行企业改制。之后，上级政府多次给常德盛做工作，要求蒋巷村实施企业改制。到 2000 年的时候，这种来自上级政府的压力已经非常大了，蒋巷村若再不进行企业改制，就显然与上级精神相悖了。其次，从企业的经营环境来看，此时企业的经营环境已经逐步恶化，企业经营面临不小的压力。企业经营环境还体现在同类企业的激烈竞争上。蒋巷集团创办之初，同类的钢结构企业还很少，更不用说蒋巷这种品牌良好的企业了。据工人们说，在创办钢结构厂的头几年里，企业的生意非常好。不过，之后同类企业越来越多，外部竞争也越来越激烈了。最后，企业内部经营方面已经出现问题。国有企业和集体企业的痼疾是企业的产权不明晰所导致的激励机制不足，蒋巷村的集体企业也无法解决这一问题。一个村民直言不讳地说：

“一些业务员到外面去谈生意，签订的合同漏洞非常大。后来我们供应产品后，对方就拖着不给钱，再后来就没消息了。这种现象还是比较多的。像常书记自己工资要得很低，他自己的意思呢，想用自己的模范行动感染别人，促使别人为人民服务。下面的人达不到这个思想境界啊，应该说，除了他，没有人是这么想的。后来好多人跑出去自己办厂，将村里几年来积累的客户资源拉到自己那里去了……”

除了上述业务员将集体业务转为私人业务的情况外，甚至还有偷窃集体财产的现象。一个曾经担任工厂门卫的村民说：“这个怎么说呢，有些村民把集体的东西偷到自己家里去。我们没有办法说，说了会引发矛盾的，我们只有睁一只眼闭一只眼。”一些村民甚至还讲述了其中的一些具体故事。无论上述描述是否有夸张的成分，这都表明集体企业的内部经营管理机制出现了严重的问题，改制迫在眉睫。当然，企业改制也有常德盛个人方面的原因。常德盛一人肩负企业和村庄两方面的事情，承受的压力日益增大，随着年龄的增长，他感觉自己已经越来越力不从心了。在上述多种因素的作用下，常德盛最后决定实行改制。

村民们对于改制也非常认同。他们认识到，在整个外部环境的影响下，蒋巷村的集体企业迟早要改制，而且也应该改制。然而如何改制才是常德盛需要面对的真正难题。这之所以对常德盛是个难题，是因为他总是试图平衡各方面的利益，想要把一碗水端平，但显然这碗水是没办法端平的。

企业改制涉及多方面的利益，如村民、企业主和村庄的利益。在这里，村民的利益和村庄的利益并不完全相同，村民利益指的是村民个体的利益，而村庄利益指的是作为村民整体的利益。从某种程度上来说，村民、企业主和村庄三者之间的矛盾是很难调和的。在村民看来，股份制是最为合适的方式，他们认为既然是集体企业，那么每个人都应该有股份。一些村民说，常德盛本人在以前的村民大会上也表达过类似的意思。但是若采取每个村民入股的方式，企业管理者则不愿意承包了。这些企业管理者有着自己的打算，如果村民们都入股，那么无疑他们从中所获取的利益就会变少，但是企业的经营责任又需要他们来承担，没有人愿意出来挑这个担子。而常德盛则从村庄整体的利益来考虑问题，即企业改制一方面要能够转变企业的经营机制，提升企业的活力，另一方面又能够与村庄发展结合起来。

与一般集体企业的改制模式相同，蒋巷村的集体企业改制采取了 MBO

(即企业管理者持股)的方式,但常德盛本人放弃了公司的股份。常德盛是董事长,根据惯例,若改制可以持有 4 000 万元的股份,但他却选择了“让股”。村里的唐秘书在谈到常德盛的这一决定时说:“压力都在常书记身上。你又要算得相对合理,又要得到群众的理解和支持,确实是不容易的。最终常书记选择放弃股份,如果他要了,就更加说不清了。”常德盛对物质利益的看淡不仅体现在改制时的让股上,而且贯穿了他过去 40 多年行为的始终。常德盛说,他在担任书记时就给自己立下了“三不规矩”,即“不拿全村最高的工资、不拿全村最高的奖金、不住全村最好的房子”。特别是随着村庄集体经济的发展,镇里不断提高给他的各种报酬;根据企业内部的激励机制,产品推销应奖励的几百万元,他却分文未取,全部留给了集体。然而常德盛个人看淡物质利益,却无法要求其他人也具有同样的道德素养。因此,在市场化的大潮中,常德盛这种不计较个人利益的道德素养和整体社会对经济利益的追逐形成了鲜明对比,仅仅依靠道德感化已经越来越难以发挥作用了。

虽然常德盛放弃了公司股份,改制还是引起了村民的不满。首先是谁来承包企业的问题,根据规定,只有车间主任以上级别的管理者才有资格承包,而一般村民则被排除在外。这样的规定对保持企业的正常运营是有帮助的,毕竟对于普通村民来说,他们既无资金更无经验来管理这么大的企业。承包公司的企业主在改制前的蒋巷集团中担任副总经理或者总经理助理等职务,公司的核心业务均掌握在他们手中。因此,从企业的发展来看,这些人承包企业似乎是更为有利的。在确定了承包人之后,再由这些企业主自己去找人组股,但是一般来说,只有企业的车间主任和管理人员才有资格入股。

确定承包人只是整个改制程序的第一步,接下来就是村庄与这些企业主的艰难谈判。村庄和企业主都有自己的想法,对于企业主来说,他们想尽量把应付款和一些收不回来的呆账、坏账交由村里承担。村里显然想减轻自己的负担,不过当村里表示这些账务应由企业主承担时,企业主均不作声。在整个谈判的过程中，实际上企业主占据了更大的优势。一方面，除了承包给他们外并无其他更好的人选，这使得他们占据了谈判的主动权；另一方面，更重要的是，那些大的合同款项都掌握在这些企业主手中，这也成了谈判最重要的砝码。这场谈判拉锯战最后以企业主的胜利告终。不过为了平衡各方的利益，常德盛要求改制后的四家企业每年要继续向村里上缴利润，最初定为每年500万元。这些企业主是常德盛一手培养起来的，因此他们并没有拒绝这个要求。不过，这个协议并没有形成正式的文本，也没有说明为什么要上缴这笔钱，这使得村民们产生了不同的解读。有些村民说这笔钱是企业的品牌使用费，另一些村民说这些企业本来就是村里的集体企业，因此他们就应该上缴这笔钱。

很快，村庄又恢复了往日的平静，村民们一如既往地到工厂去上班，他们依然享受改制前的各种福利，对他们来说，生活似乎并没有什么大的改变。总体而言，改制是静悄悄的，说静悄悄是因为这场改制并没有遭遇来自村民直接的、公开的反对。为什么这场涉及村民直接利益的改制并没有遭遇村民的公开反对？一个徐姓的村民的看法具有一定的代表性，她说："像我们年轻人，给我钱的话我要，不给的话也算了。要我们去吵，我们也不高兴去吵。我没这个能力去吵什么呀，还不如节省这个时间自己把活儿干了。"但还是有些村民颇有怨言，不过相对于中青年人来说，老年人的态度则有不同。虽然老人们也有一些不公平感，但是他们普遍对生活感到满足。改制并没有影响他们的福利，甚至他们的养老金还在逐年增高，相比周边其他村的改制，他们对这一结果是能够接受的。此外，对于承包企业，他们也从来没有奢望过。村民沈明宝说："对我们村民或者职工来说，自己有活儿干就可以了，我不能和老板比啊。"很多老年人认为不该在改制的问题上为难村里，在他们看来，这个企业是常书记一手发展起来的，现在改制也是迫不得已的事情。常书记这么辛辛苦苦为村里劳累，而且对老年人这么好，他们怎么能在这个问题上为难自己的书记呢。老年人的相对满足和对书记的感恩，以及年轻人不清晰的权利意识和缺乏共同目标的集体行动，所有这些都是改制推行相对顺畅的重要因素。

企业改制是由上级政府推动的，改制的目的首先是使政府与集体企业之间的关系更加明晰。改制前，政府的支持对村办企业的发展具有重要的意义，由于常德盛本人既是企业的董事长，又是蒋巷村的村支书，这种双重身份使得政府与企业之间的关系非常模糊，政府在扶持村庄的同时也是在扶持企业。改制后，村办企业成了私人企业，政府与企业的关系开始明晰起来，这时政府就不应该直接来扶持企业的发展了。用村民的话说："政府为什么要帮助我们村里的企业发展，这是因为村办企业代表的是村集体。如果没有村集体这个性质，企业能发展得这么好吗？"

其次，企业改制也使村庄与企业的关系更加明晰，即过去的模糊产权变为清晰的产权，从而改变了企业的激励机制。从法理上说，改制后的企业与村庄脱离了关系。改制前，企业是村办企业，因此企业上缴村庄利润是理所当然的。改制后，企业不再具备继续为村庄上缴利润的义务。

三、再次创业：暖人心的工程

虽然企业改制是静悄悄的，但改制对村庄的影响却不可忽视。部分村民开始表达一些不满，对很多工作的支持也不像过去那样坚定。常德盛自己也很清楚这一点，他说他能明显感觉到改制后村里的工作变得难做了。对于常德盛来说，如何减少改制对村庄的负面影响，特别是如何重新带领村民在后改制时代再出发才是当务之急。为了保持村庄的可持续发展，特别是解决未来村民的就业和福利问题，创办新的集体企业成了常德盛的选择。于是，60 岁的常德盛开始了再一次的创业。村民们形象地把这次创业称为"暖人心的工程"。

新的创业挑战更大，对于常德盛来说，新的创业并不是简单再去创办一个集体企业，而是对蒋巷村的再次规划，特别是为蒋巷村未来的长久发展打下基础，以及在新时期实现产业结构的和谐发展，将产业发展与农民的生活有机融合。村庄坚持规划先行，提出了"学校像花园，工厂像公园，村前宅后像果园，全村像个天然大公园”的社会主义新农村的建设目标，全力打造“四园一基地”（蒋巷生态园、常盛工业园、村民新家园、农民蔬菜园和无公害优质粮油生产基地）。农业生产坚持以农业废弃物资源化利用为纽带，推行立体种养殖，发展循环经济。农业废弃物通过沼气发酵和秸秆气化综合利用，果蔬末端产品处理后供给家畜和水产养殖，实现人、自然与环境和谐发展，经济与社会协调发展。

在大力发展工业的同时，蒋巷村还坚定地实施“储粮于田”的沃土工程。多年来坚持复耕复垦、集约利用土地，做到工业发展、农田不减反增，建成了千亩优质生态粮油生产基地，实现了农林牧副渔全面发展。集约化经营、标准化生产、机械化耕作、生态化种养使现代农业形成规模，这些也都成了支撑蒋巷村产业和谐发展以及村民观光旅游的重要支点。

从图 5－1 可以看出，蒋巷村从农业化时代以来，村庄的农业用地面积总体保持稳定。进入 21 世纪以来，随着村庄工业的快速发展，村民们并没有背离农业发展，而是注重产业的协调发展，这对中国农村来说具有特别重要的启发意义。此外，2003 年后，蒋巷村还推行复耕复垦，耕地面积逐年增加，这也反映了一个以农业起家的老书记对土地的深厚情感。

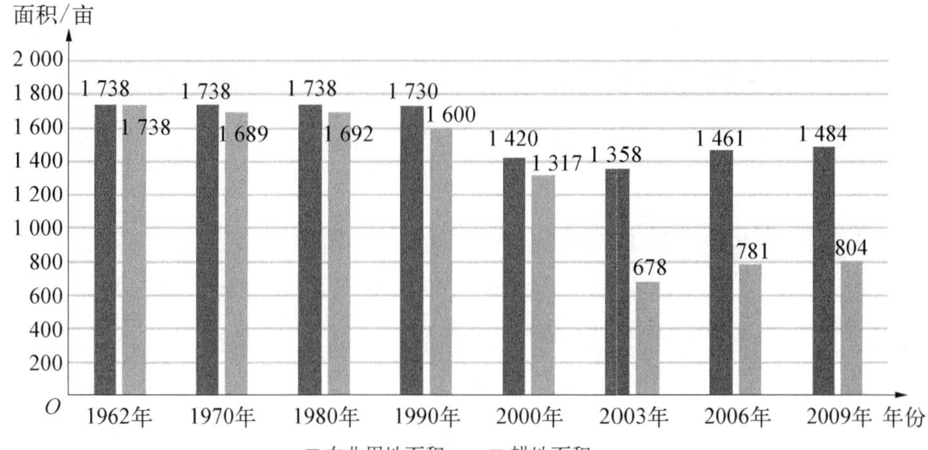

图 5－1　蒋巷村农业用地总面积及耕地面积

这次创业，常德盛选择了乡村旅游业。此前蒋巷村已经具有一定的旅游业基础。首先，在过去几十年的发展过程中，蒋巷村已经积累了很大的名气，获得了各种荣誉，因此很多领导、游客都纷纷慕名到这个村庄来参观。据蒋巷村前妇女主任蒋玲妹介绍，在 20 世纪 90 年代工业创业的时候，她在村里的食堂烧饭，那个时候几乎每天都有上级派来的参观考察团，但当时村里还没有发展旅游业。到 2000 年以后，参观考察的人数就更多了，所以蒋巷村发展乡村旅游业具有一定的市场前景。其次，从旅游的基础设施来看，蒋巷村经过几年的规划已经形成了社会主义新农村的基本格局，统一的别墅、生态园建设都成了乡村旅游的看点。为此，常德盛提出了三产兴村、旅游旺家的新思路，全面调整种植结构，依靠工业反哺，先后投资上亿元，开河挖渠、建桥铺路、造楼修亭，建设了蒋巷宾馆，增添了江南农家民俗馆，迁建了养殖区与农业服务区，继续增加景区、景点的互动项目，完善相关设施的配套，建成了儿童游乐中心和八项军事游戏的游娱馆，增加了水上活动项目，建设起小型动物园，从而形成了相对较为成规模的乡村旅游基地，努力将科学、自然、人文交集的环境特点，产业、休闲、居住相宜的生活空间，生产、生活、生态相结合的现代化新农村进行有效融合。如今，蒋巷村三大产业相互融合、相互支持、相得益彰，形成了协调发展的科学格局，织成了一幅如诗如画的现代化农村新景观。

此外，借助沙家浜红色旅游及周边旅游的辐射效应，蒋巷村还积极开发了田园风光游、休闲生态游、民俗风情游、教育实践游、温情亲子游以及银发怀旧游等项目。

与其他以风光或风土人情体验为主的乡村旅游不同，蒋巷村的乡村旅游的主要特色是以全国文明村、全国生态村、全国民主法制示范村等一系列荣誉以及常德盛书记个人的声誉为依托的社会主义新农村建设游，因而蒋巷村的乡村旅游实际上是以打造红色旅游景点为主。这种红色旅游体现在：到蒋巷村来旅游的 80%以上的游客是从各级政府部门、党校农校组织的参观考察团，这些考察团主要是来学习作为先进典范的社会主义新农村——蒋巷村的建设经验的。此外，还有地方政府支持的青少年社会实践游。红色旅游还体现在旅游的内容上，常规的旅游程序是，游客到蒋巷村后，先观看一部时长为18分钟的介绍蒋巷村发展历史的宣传片，然后由导游带领参观村里的荣誉展览馆，再坐上游览车围绕村庄游览一圈。在此过程中，导游主要给游客介绍村庄的发展历史、常德盛的创业史和村民的福利发放情况。蒋巷村的自然生态环境自然是吸引游客前来的重要原因，但更主要的旅游卖点是村庄在过去几十年里所践行的集体主义发展道路。游客们都很好奇，在这一集体主义发展过程中，一个优秀的村支书是如何带领村民们克服各种困难，将村庄打造成全国文明村，以及今天村民们何以能享受这么棒的村庄福利。游客们对蒋巷村经济效益、生态效益和社会效益三赢的发展成绩羡慕不已，更想深入了解这一村庄发展的奥秘以及常德盛个人的传奇故事。

蒋巷村的旅游业还带有很强的个人色彩。不仅很多旅游团是通过常德盛的声望和社会关系而来，常德盛本人也积极利用自身资源发展旅游业，有时他还会参与接待工作。

从某种意义上来说，蒋巷村旅游业的社会效益比经济效益更为明显。纯粹从经济效益上来看，旅游公司的产出并不多。据旅游公司的一个员工介绍，2007年，蒋巷村全年接待游客10万多人次，旅游和宾馆收入超600万元，但是这个收入刚好使收支保持平衡。到了2008年，随着政府部门对自身各种开支的缩减，游客进一步减少。换言之，在最初创业的时间里，旅游公司这一集体企业对村庄收入的贡献还很少，维系运转的收入主要来自几个企业的上缴收入和政府的扶持。不过，旅游业的社会效益非常明显，旅游公司为村里的老年人提供了绿化、环卫、食堂等各种工作机会。生态园建设也改善了村庄的环境。此外，旅游业也为村里赢得了大量的荣誉。

不过需要看到的是，由于旅游公司并不是一个纯粹的经济实体，它实际承载着大量的社区公共功能，新成立的旅游公司在起步阶段也面临一些管理上的难题。比如，由于旅游公司本质属于集体企业，很多就业安排具有很强的福利性质，并不是严格按照现代公司的企业核算制度来安排的，因而社会效益原则高于经济效益原则，同时也产生了一些激励机制不足的问题。为了进一步激发企业活力，村里的宾馆和度假村也开始承包给私人经营，常德盛在2009年的年终会议上表示，为了激发企业活力，未来村庄将会采取承包经营的方式来发展生态园。

虽然蒋巷村的第三次创业尚在初创期且面临着诸多困难，但是其意义不言而喻。首先，这次创业是在后改制时代推行的，其面临的政策环境、社会氛围以及产业形态都已经有了很大的变化，面临的挑战也非常大，常德盛再次带领村民们开始新的创业，表明村庄并没有背离集体主义的发展道路，这是村庄整合和村庄权威维持的重要基础。其次，通过新创立的旅游企业，蒋巷村进一步强化了与外界的联系，来自全国各地的考察团和观光团络绎不绝，这些对于扩大村庄的声誉来说具有非常重要的意义。最后，第三次创业仍然高度依赖常德盛个人的权威和魅力，无论是红色旅游的主要卖点，还是每次对考察团的接待，都具有常德盛高度个人化的特征。从这个意义上来看，无论是村庄与外部环境的关系，还是村庄权威与村民之间的关系，在后改制时代都没有被弱化，反而得到了强化。

四、社区股份制的探索

蒋巷村工业企业的改制是对新时期如何坚持和发展集体经济的一次重大考验。蒋巷村几十年的发展过程表明，发达的集体经济是保持村庄经济繁荣、村民收入、村庄统一规划以及高度的社会福利的根本，也是实现乡村振兴和村庄社会整合的经济基础。在某种意义上，高度的德治权威也是有强大的集体经济做支撑的结果。因此，虽然工业企业改制了，但是常德盛清楚，农村的集体经济道路不能改，农村的集体经济基础不能削弱，农民的福利不能减少……以上种种也成为他身上沉重的压力。

问题在于，农村的集体经济是否能与市场体制有机兼容？集体经济的最佳实现形式是怎样的？支撑集体经济可持续发展的机制是什么？特别是，在当前农民的权利意识日益清晰时，以实现村庄公共利益为根本目标的集体经济是否还可以维系下去？围绕这些问题，学术界展开了热烈的争论。一些学者们倾向于明晰产权，淡化甚至否定集体所有权；另一些学者则坚持土地集体所有制，认为土地集体所有不仅为农民提供了具有社会保护功能的土地保障，还是中国经济发展出现奇迹的重要原因。[①]

在蒋巷村工业集体化发展的过程中，常德盛个人的道德品质以及经营管理能力是维系村庄集体经济的主要黏合剂。不过仅仅依靠一个人无私奉献的道德精神是很难使集体经济发展下去的。企业发展过程中所面临的激励因素不足、企业内部员工监守自盗以及各种机会主义的现象都表明了这一问题，因此企业改制是历史发展的必然。

能否选择一种既能兼容市场经济的利益激励，又能实现村庄公共利益的集体经济发展模式，成了蒋巷人在新时期的重要任务（前提是不再仅仅高度依赖一个人的道德权威）。这一选择所具有的重要的政治价值，是探索一种适合中国农村社会发展的集体经济道路。

社区股份合作社作为一种新的集体经济实现形式成了这一时期的重要探索。学术界也积累了一些对社区股份合作的研究。如汤锦森和陈应春的研究指出，社区型股份合作制是在一个行政管理区或自然村的范围内，以原有的社区合作经济组织为基础，引入股份制的某些适用机制，兼容合作制与股份制两种经济组织形式，并重新组合产生新型社区集体经济组织的形式。[②] 在蒋巷村，村民的股份有两种。第一种是土地股，即村民以自己承包的土地入股。由于土地是按人均分配的，因而每人都占有一份股份。但是这个股份并没有具体的数额，村民们也没有形成对该股份的清晰的权利认识。第二种是集体股，即以是否拥有蒋巷村的村籍为资格。股份合作社涉及每位村民的切身利益，而且关乎村庄的未来发展，蒋巷村在探索股份合作

① 温铁军："重新解读我国农村的制度变迁"，载《中国国情国力》2000 年第 4 期。
② 汤锦森、陈应春、王斌康：《股份合作经济理论与实证研究——兼论深圳市罗湖区社区型股份合作经济》，中国经济出版社 2003 年版，第 78 页。

社时进行了细致的准备工作：第一，根据村民的居住年限、户籍转移、生老病死等因素进行股份量化；第二，村党委提出初步方案，两委会（村党委和村民自治委员会）根据上级意见结合本村特点认真进行商讨，并为群众可能会提出的众多疑难问题做好预案，在村民大会上实行动员以后，在村民掌握基本情况的基础上再召开村民代表和组长会议，进行具体讨论，对可能产生疑虑的问题进行反复商议，把量化方案公布于众，最后取得一致认可；第三，为了提升广大村民的信心，村党委提出了村级可用财力增长的"五年发展规划"；第四，社区股份合作社是兼具经济和社会功能的一种合作形式，因此股份合作不是简单的经济整合，而是要同时进行社会整合。为此，村庄建立了村规民约奖励制度，股民分红与之挂钩，这样股份合作制就起到了引导和约束村民的作用。

从图 5－2 中我们可以看出，从 2004 年企业改制后，蒋巷村的人均社区股份制分红逐年提升，特别是自 2007 年以来实现了每年增长 1 000 元以上的目标。人均社区股份制分红本质上是建立在村庄集体经济持续发展的基础上的，因而经营和管理集体经济是对蒋巷人未来的重大考验。

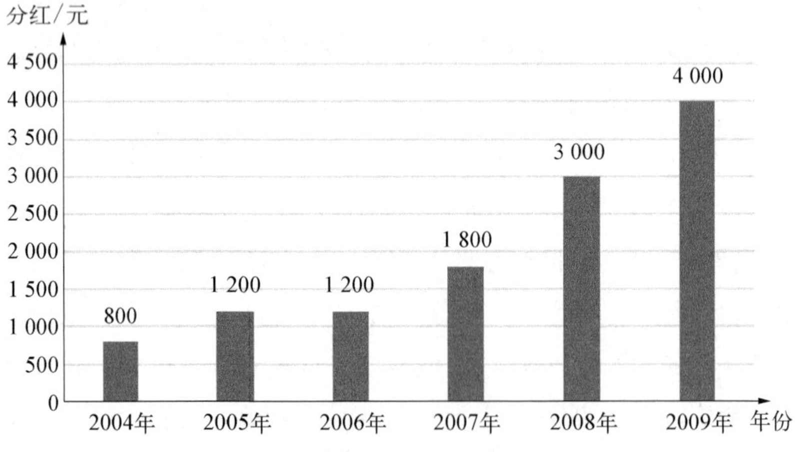

图 5－2　蒋巷村人均社区股份制分红（2004—2009 年）

学者们对新时期探索的社区型股份合作制给予了高度的肯定。如刘笑萍认为，社区型股份合作制是融合了股份制与合作制的因素而进行的体制创新，为村级集体资产经营管理提供了一种更加符合社会主义市场经济要求、符合群众利益、运行效率更高的制度安排。社区型股份合作制比以往的农村经济组织形式体现出了更大的制度优势，表现在有明确的财产所有者、所有者有获取剩余收入的权利、所有者对资产有控制权、促进成员增收几个方面。[①]

然而，需要指出的是，社区股份合作社仍然是嵌入在特定的社区治理结构中的。因此，社区内部的信任、权威和关系仍然具有重要的意义。在一个高度整合的社区里，村民们能够实现高度的共识和信任，这有利于降低成员之间的交易成本，因而股份合作社的运作也更顺畅。正如林和纽金特等人所指出的，在多层委托—代理关系下，合作组织成员的共同意识形态可以减少因为信息不对称所造成的道德风险及集体活动中的机会主义行为，从而减少监督费用。[②] 因此，我们可以说，蒋巷村在过去几十年里形成的高度的社会整合以及对常德盛的高度信任是社区股份合作社顺利推进的重要因素。

第二节　政治优势及其村庄发展

一、领导视察与村庄荣誉

企业改制改变了企业与村庄的联系，同时国家与村庄的关系也发生了变化。改制前，企业是集体企业，企业和村庄在一定程度上是一体的，因此国家往往通过扶持集体企业的发展来帮助村庄发展。改制后，原先的这种联系纽带被弱化了，但是国家与村庄的联系并没有减弱，反而在一定程度上得到了加强。这是因为，一方面，改制后村庄与企业的联系减弱，对上级政府部门扶持的需求反而更大了；另一方面，则是因为村庄已经获得了越来越多以及级别越来越高的荣誉，在某种程度上，蒋巷村已经不单纯是蒋巷村村

① 刘笑萍："农村社区股份合作制制度创新路径分析"，载《农业经济问题》2005年第9期。

② Lin. J. Y., Nugent. J. B., *Institutions and Economic Development*, Handbook of Development Economics, 1995, Vol. 13, No. 1, pp. 2301 - 2370.

民的蒋巷村，而是常熟市、苏州市乃至江苏省的一个典范代表，因而上级政府部门支持这个明星村就责无旁贷了。

我们的调研组在蒋巷村做田野调查的时候，经常能看到来自全国各地的领导干部到蒋巷村来参观考察。这些领导干部既有县市级的，也有中央级的；既有离退休干部，也有现任干部。

领导到蒋巷村来视察本来就不是什么新鲜事儿。前文也指出，早在20世纪90年代的时候就已经有很多领导到蒋巷村视察工作了，不过，这一时期领导视察也发生了一些变化。这些变化主要包括：首先，到蒋巷村视察的领导的级别越来越高了，从开始的市级、省级领导到中央级领导；其次，视察蒋巷村的领导越来越多了，这些领导来自各个系统各个级别，有的时候来考察的领导能达到数十甚至上百人；最后，领导的视察也越来越频繁了。

领导视察不仅给村庄带来了直接的物质资源和社会关系资源，而且还带来了各种村庄荣誉。可以说，蒋巷村的发展史就是不断获得荣誉的历史，蒋巷村的荣誉包括村庄荣誉和常德盛个人的荣誉。在蒋巷村的展览馆里陈列着各种各样、各个级别的荣誉，从乡镇、常熟市、苏州市、江苏省到中央各个级别的荣誉。常德盛说，自从他1963年获得第一个荣誉以后，蒋巷村以及他个人所获得的各个级别的荣誉就没有停过，其中常德盛个人获得的荣誉主要是对其道德模范行为的褒奖，而村庄荣誉则包括农业发展、经济成就、环境、妇女工作等各个方面的内容。到21世纪以后，蒋巷村和常德盛个人的荣誉达到了最高点，2001年，常德盛被评为“全国优秀共产党员”，而蒋巷村也在这一时期获得了全国文明村、全国生态村、全国民主法制示范村等一系列国家级荣誉。特别是，多位国家领导人到蒋巷村来视察指导，意味着村庄的模式和发展成绩得到了国家的高度认可。2004年3月27日，时任总理温家宝视察蒋巷村，在看到复垦的千亩良田、村民别墅和工业园区后，他对常德盛说：“你这个村叫作全面发展，农业发展，多种经营发展，乡镇企业发展，农民富裕。”同年11月21日，时任国家副主席曾庆红视察蒋巷后说：“全国农村如果都像蒋巷村，我们的小康就实现了。”

村庄获得荣誉的过程同时也是不断树立典范的过程。对于树立典型的意义，冯仕政从政治社会学的角度进行了较为全面的阐述。冯仕政指出，树典型是党的一种重要的工作方法和动员机制。那么，为什么需要树典型、建榜样呢？冯仕政用“中心—边陲”说进行了解释，他引用金耀基的观点提出，中国长期以来存在的社会结构特点是明显的“中心—边陲”断裂：一方面是作为“中心”的科层式的上层结构，另一方面是作为“边陲”的无数异质性强的地方社区，并且“中心”对“边陲”并未发生深入的穿透。在这一社会结构特点下，“树典型”就是党延伸政治权力和政治文化的一种重要方式。典型不仅能够有效地将政治权威的意识形态引入民众的日常生活中去，而且还能够协助政治权力的延伸，最终在社会中形成一个非正式的、日常形态的权力网络。冯仕政指出，典型本质上是国家利用话语优势和资源优势打造的结果。一旦获得了典型身份，就与实际利益发生了联系，客观上将典型身份变成了一种资源配置的手段。①

冯仕政对树典型的理解更主要是从党的组织动员、权力作用机制和资源分配模式的角度出发的，他从国家的视角来理解典型背后的政治意义。我们应该从村庄的视角以及国家与村庄互动的视角来理解蒋巷村被树立为典型的过程。显然，典型并不是自然形成的，也不是国家刻意挑选树立的，而是在不断的探索、试错和被认可的过程中树立的。在这一过程中，上级政府的角色是制定政策、分配资源、确定发展模式和推广成功经验，而村庄则是使上级政策落地和村庄利益实现有机结合的最基层的单位，显然这种结合会充满各种张力，国家政策的合理性也需要村庄实践的检验，因而存在一个政策实施与村庄回应的互动关系，而村庄的能动性和创新性是影响政策实施效果的重要因素。像蒋巷村这样的村庄，由于其自身的能动性、组织动员能力更强，同样的政策就可以产生更好的效果，因此逐步成为一种被认可和被推广的典型。

---

① 冯仕政：“典型：一个政治社会学的研究”，载《学海》2003 年第 3 期。

二、政治优势与资源获取

要理解超级村庄的发展变迁，资源的来源途径和方式是重要的切入点。从村庄资源的来源途径来看，政府和市场是两个最主要的资源渠道。以2008年的村庄收入为例。2008年，村庄实际入账为1 654.1万元，其中直接经营收入为297万元，本年度发包和上缴收入为547.1万元（几个主体企业上缴收入为500万元、资产租赁收入为46.5万元、土地租赁收入为0.6万元），上级政府奖补收入（以财政转移支付的方式）为195万元，专项资金为615万元。村集体收入为1 052万元，当年村庄可支配收入为823万元。

从资源来源方式来看，无论是政府资源还是市场资源都发生了很大的变化。在再分配时期，自上而下的资源是制度性的。市场化改革拓展了村庄与外部社会的横向联系，同时也改变了国家与村庄的纵向联系。在这一过程中，常德盛个人的作用更加突出了，他成了各种资源进入村庄的重要纽带。

大致而言，这一时期政府与村庄的联系主要有三种方式。第一种是通过政府给予村庄的各种荣誉，这些荣誉转化为村庄的象征资本。象征资本这一概念最先由布迪厄提出，他认为“象征资本涉及对声望、名声、奉献或荣誉的积累，并建立在一种对知识和认知的辩证基础上”①。张小军在此基础上对象征资本理论进行了扩展，他指出象征资本不仅仅是“荣誉”“面子”等各类声望意识，更应该将其理解为一种象征意义和象征权力的资本，而且象征资本还能生产其他资本。②

前文也指出，蒋巷村在过去几十年的发展过程中已经获得了各级政府部门颁发的各种荣誉，正是这些荣誉使蒋巷村与其他村庄区别开来。满载荣誉的蒋巷村已不再是一个简单的江南村庄，而是承载着众多政治符号的示范村。当国家颁布新的政策、中央发布新的精神的时候，就需要到这一特

① Pierre Bourdieu, Randal Johnson, *The Field of Cultural Production: Essays on Art and Literature*, Cambridge: Polity Press, 1993.

② 张小军:“阳村土改中的阶级划分与象征资本”，载《中国乡村研究》2003年第2期。

殊的村庄中去展示；当其他地区的干部需要学习如何落实中央的各项政策的时候，他们也需要到这一具有代表性的村庄中来参观考察。蒋巷村在企业改制以后选择发展旅游业正是抓住了这一点，蒋巷村和常德盛个人获得的一系列荣誉也成为旅游的重要卖点。

政府与村庄联系的第二种方式是通过示范村获取政府项目。周飞舟在《从汲取型政权到"悬浮型"政权——税费改革对国家与农民关系之影响》一文中分析了税费改革对国家与农民关系的影响。他指出，税费改革后，政府间的财政行为发生了重要的变化。他发现过去一直依靠从农村收取税费维持运转的基层政府正在变为依靠上级转移支付。在这个转变过程中，基层政府的行为模式也在发生改变，总的趋势是由过去的"要钱""要粮"变为"跑钱"和借债。在这种形势下，基层政权从过去的汲取型变为与农民关系更为松散的"悬浮型"。①

争取上级部门的项目已经成了当前农村获取资源的重要甚至主要的渠道。那么如何获取上级部门的项目呢？在调研中，一个村干部告诉我们，有两类村庄最容易获得上级部门的项目。一类是经济发展最好的村庄，即所谓的示范村，这类村庄本身与政府的关系比较近，而且政府也乐意把资源投向它们，因为资源在此类村庄能发挥最大的效益。另一类就是经济发展最差的村庄，这类村庄也比较能引起政府部门的注意，成为政府部门的重点帮扶单位。

不过，上述村干部还忽略了一点，即项目的运作方式，政府项目往往需要各级部门采取配套的方式来运作，其中村庄自身配套是非常关键的。而村庄配套需要多个条件：首先，村庄有无足够的资源来配套；其次，村庄有无具体的规划来运作项目；最后，村庄有无足够的整合能力，或者说村领导有无足够的权威和动员能力。我们的调研组在进行村庄访谈时得知，很多村庄由于缺乏这三个条件而主动放弃上级政府的配套项目。也就是说，即便上级政府给钱，也不是每个村庄都有获取的条件的。

---

① 周飞舟："从汲取型政权到'悬浮型'政权——税费改革对国家与农民关系之影响"，载《社会学研究》2006年第3期。

显然，蒋巷村从各个方面都极好地满足了上述条件。本文以蒋巷村与江苏省科学技术厅争取的一项“社会主义新农村建设科技综合示范工程”为例，来看看蒋巷村是如何获取上述项目的。“社会主义新农村建设科技综合示范工程”是江苏省科技厅立项的重大科技攻关项目。项目的起止年限是2007年1月至2008年12月。蒋巷村从这个项目中获得了250万元的资金支持。之所以能在这个项目中获得立项，首先，是因为蒋巷村已经是当地的示范村了，村庄具备开展这一项目的基础条件；其次，这一项目需要1 000多万元的自筹资金，这对一般村庄来说显然是不可能完成的；最后，蒋巷村与地方政府长期以来的良好的关系使得他们在获得项目上具有天然的优势。该项目的经费来源预算见表5－1。

表5－1　项目经费来源预算　　单位：万元

经费来源	2007	2008	合　计
省拨款	90	60	150
部门、地方配套	50	50	100
承担单位自筹	600	519	1 119
银行贷款	/	/	/
其他来源	/	/	/
合　计	740	629	1 369

在政府与村庄的关系中，另一个需要被提及的是单位与村庄的对口帮扶关系。所谓单位与村庄对口帮扶，就是由党委和政府行政部门分别与村庄建立一种责任帮扶关系，对口单位须对村庄的发展发挥指导性作用。对口帮扶主要根据政府部门的级别与村庄的发展程度来匹配。比如，在常熟市，类似蒋巷村这类发展规模的村庄有5个左右，它们被称为重点村庄，由常熟市委直接对接，其中市委书记是主要的挂钩领导。比重点村庄经济规模略小的是二类村庄，此类村庄与市政府挂钩，之后的各类村庄依次与江苏省人大、政协以及政府各职能部门挂钩。蒋巷村不仅与常熟市委对接挂钩，还

与苏州市委挂钩，苏州市委书记是其挂钩领导。对接之后，这些挂钩部门对村庄的发展就有义不容辞的职责。

笔者在做田野调查时有幸参加了一次苏州市、常熟市领导在蒋巷村的现场办公会。2008 年 11 月 12 日，苏州市委副书记带队，苏州市各职能部门、常熟市各职能部门的“一把手”到达蒋巷村，会议的主题是听取常德盛汇报蒋巷村的发展情况、遇到的困难并商讨解决对策。这已经是苏州市和常熟市两级政府部门第二次在蒋巷村召开现场办公会了。这次现场办公会源于常德盛的一次外出学习。

2007 年，常德盛去浙江省滕头村出席一次会议，主要是去学习他们的生态建设和乡村旅游发展经验。藤头村的旅游产业有比较大的规模，其中一个重要的原因是宁波市与奉化市(今宁波市奉化区)把两级党校、干部学校和中小学生教育活动基地等都设立在那里，使他们的旅游产业年收入达到千余万元。藤头村的发展经验对常德盛触动很大。蒋巷村虽然已经于 2004 年开始发展乡村旅游业，但是由于蒋巷村不靠国道、不近要道，也不在城郊，作为旅游目的地，其距离苏州、常熟并不近，除了一部分旅游公司带团前来，一般直接来村的客源并不多。因此，常德盛想到了苏州市委书记，他希望通过苏州市牵头做一些政府推动工作，如帮助建设完善常熟市中小学生社会实践基地、加强完善配套服务条件等措施，从而使旅游产业真正成为蒋巷村新的经济增长点。于是，常德盛特意给市委书记写了一封信，希望分管党务的书记带领组织部、宣传部、纪检委以及工会、共青团、妇联、老龄、教育、工会等条线部门，分管农村工作的领导带领农林、水利、科技等部门来村进行实地考察调研，探讨在这里建立有关活动基地，开发会务、培训、讲座、论坛等活动的可能性。

常德盛的这个请求得到了苏州市委书记的积极反馈，市委书记很快下达批示，要求各部门有钱出钱、有力出力，全力帮助蒋巷村发展旅游业。当年就有苏州市委副书记带队到蒋巷村来召开现场办公会。会上，常德盛首先介绍了蒋巷村最近几年的发展情况，重点是发展旅游产业所面临的问题。

其中第一个问题是如何吸引游客并扩大游客的规模；第二是青少年活动基地的建设问题；第三是交通问题。现有的交通设施成为阻碍蒋巷村发展的重要因素，如何改善交通设施，特别是改善从昆山通往蒋巷村的道路便显得尤为重要。常德盛介绍完蒋巷村的情况后，由苏州市委副书记发言，副书记根据常德盛的发言对各个职能部门提出了要求。

以上列举了作为村庄典型的蒋巷村是如何通过上述三种方式从国家及市场中获取资源的。需要指出的是，以上三种方式是相互交织在一起的，关系资本和象征资本是共同发挥作用的。然而无论是哪种方式，蒋巷村可以获取资源都是缘于村庄本身的特殊性，而常德盛个人更是在这一过程中发挥着枢纽作用。

第三节　后改制时代集体主义整合的影响机制

常德盛的权威是建立在村庄经济发展成就和个人道德基础上的，而个人道德又主要体现在常德盛一心为村、全心全意为村民谋福利上。在企业改制前，村庄经济成就和个人道德是高度统一的。这一时期，村民们为企业获得的经济发展成就而高兴，对常德盛的个人行为报以感激。在这一背景下，常德盛的个人权威不断得以强化。企业改制在某种程度上对原有的村庄集体经济产生了挑战，而村庄的公共权威又是建立在强大的集体经济基础之上的，因而企业改制也使得权威维系出现了前所未有的张力。不过，在常德盛个人道德力量的影响下，后改制时代的蒋巷村依然维系了村庄的高度整合，而不断扩大村民的福利和具有道德感化作用的村规民约是维系村庄整合的重要因素。

一、全方位的社会主义村庄福利

高度的社会主义福利是蒋巷村作为集体主义村落最为本质的特点，也是外来参访学习的游客最为羡慕的一点。很多慕名而来的游客在参观了蒋巷村后都情不自禁地发出“恨不能做蒋巷人”的感慨。村庄工业企业的改制并没有影响到村民们的福利，在某种程度上，改制后村民们的福利得到了不断扩大和提高。在福利内容上，蒋巷村村民所享有的福利覆盖住房、医疗、养老、教育、年终分红等各个方面。

关于住房福利，前文已经有所介绍，蒋巷村共分两批建设了186套别墅，每户村民一套。第一批别墅造价在20万元左右，是企业改制前完成的，村民们可以以12.8万元的优惠价购得。第二批别墅则是改制后建造的，这批别墅的造价在30万元左右，村民们同样可以以12.8万元的价格购得。在医疗方面，社区医疗服务站为村民提供了方便快捷且优质的医疗卫生服务，每年免费为村民提供一次健康体检，并为孤寡独居老人与残疾人提供家庭病床访视服务和康复指导服务。村民有什么病痛，医务人员随喊随到。农村合作医疗保险除市、镇资助外，个人再分担一部分，其余全部由村集体补助缴纳。农民看病除享受合作医疗保险规定的医疗费报销外，个人承担一部分，村集体补助50%～60%，这一规定大大减轻了村民的医疗负担。

在村庄的福利中，老年人福利是最为突出的，也是最能展现蒋巷村特点的。蒋巷村的老年福利包含养老金、老年公寓、有酬的劳动机会、休闲娱乐设施等方面的内容。蒋巷村的老年福利已经具有较长的历史，在上一章中，我们已经介绍了蒋巷村最初实行社区养老的动因。在此后村庄的发展过程中，社区养老作为一种制度性的措施被保留下来并不断得以发展。特别是到2001年以后，随着工业发展为村庄积累了大量的集体资金，老年福利开始向“老有所养、老有所用、老有所居、老有所乐”的全方位老年福利方向发展。企业改制并没有影响老年人的福利，反而使其在此基础上得以逐步提高。从表5-2可以看出，首先，2004年企业改制后，老年人的养老金不仅没有减少，反而是大幅度增加。其次，针对两代共同居住所产生的代际矛盾，蒋巷村开始为老年人盖单独居住的老年公寓。蒋巷村的老年公寓一律采用3星级的标准设置，每间公寓50平方米，里面配有卫生间、空调等各种设施。老年人只要到了55岁以上就可以申请搬进去住。此外，村庄为老年人分配了适合的工作岗位，这些工作岗位涉及环卫、食堂、绿化等各个方面，工作岗位根据个人能力和特点来定，一般的工作工资为每月500～800元，绿化工作则根据劳动工时来定，一般能达到每月1 000元。也就是说，蒋巷村老人的收入如果加上养老金、年终分红和劳动报酬，大多能达到每年1.5万元，这对农村老人来说无疑是非常可观的。全村实现养老保险全覆盖，做到"基本生活包，老残有依靠"，彻底解决了村民们的后顾之忧。村民们说："以前养老靠大细(子女)，现在养老靠集体。"

表5-2　2003—2007年蒋巷村养老金发放情况(人/年/元)

年份	年龄/岁									
	55～58	59～60	61～64	65～70	71～75	76～80	81～85	86	87	≥88
2003	1 400	1 520	1 640	2 000	2 400	2 600	3 000	3 600	/	/
2004	2 400	2 500	2 600	2 760	3 360	3 600	4 200	4 800	5 400	6 000
2005	2 400	2 500	2 600	2 760	3 360	3 600	4 200	4 800	5 400	6 000
2006	2 400	2 500	2 600	2 760	3 360	3 600	4 200	4 800	5 400	6 000
2007	2 400	2 500	2 600	2 760	3 360	3 600	4 200	4 800	5 400	6 000

不仅老年人的养老金在不断增加、福利范围在不断扩大，村民们的年终分红也在不断增加。2000年，村民们的年终分红是每人每年800元，到2004年的时候变为每人每年2 000元，2008年达到每人每年3 000元。而在2009年的年终会议上，常德盛承诺，2010年年终分红为每人4 000元，2011年将达到每人5 000元。一方面，制度化的村庄日益去集体化；另一方面，村庄在村民的福利上依然采取集体模式，并且日益提高福利水平。这种双重力量使得村庄权威呈现特有的张力：村民们尤其是老年人为改制后不断提高的福利而兴奋，同时也为未来的不确定性而忧心忡忡，特别是在常德盛表示自己任期快要结束的时候，村民们的这种情绪更是强烈。在访谈过程中，老年人几乎一致表示，如果常书记的任期结束了，他们的福利可能就没办法得到

保障了。他们希望常书记能够一直身体健康，然后一直在村支书的位置上，这样他们才有真正的安全感。

蒋巷村的福利还包括全方位的就业机会。蒋巷村坚持勤劳致富，让人人有事干、人人都有适合自己的事干：使村民们实现宜工则工——凡适合在企业工作的则分配其到集团所属企业，以实现充分就业；宜农则农——将耕地交由种田能手耕种，全村 1 000 多亩粮食基地由 16 人耕种，这些人的收入不比务工者低；宜商则商——村里统一建成一批三产房，提供给愿意经商的私营业主们，并为他们解决流动资金的问题；宜副则副——在副业方面，鼓励有兴趣和特长的村民从事养鱼、养鸭等副业；宜重则重——文化水平较低、身强力壮者可从事修桥、铺路等重活儿；宜轻则轻——年老体弱者则做些绿化管理、清洁卫生等公益性事务，其年收入也在万元左右。

全方位的福利给村民们带来了生活上的满足，但也会产生一种福利惰性。单一的物质层面的福利待遇对于促进村庄的整合来说是不够的。特别是对年轻人来说，物质福利使他们生出的感恩和共鸣相对要低很多。年轻人并没有经历过村庄从贫穷落后到富裕强大的奋斗过程，对于今天所享受的高福利似乎有一种理所当然的感觉。一些年轻村民对村庄的企业改制耿耿于怀，在他们看来，改制前虽然他们拿的钱较少，但企业毕竟是村庄的，他们感觉自己实际拥有的权益是更多的。现在福利虽然提高了，但是他们拥有的权益却减少了，因此出现了基于相对剥夺感而产生的“不知足”。一位村干部在谈及这一情况时深有感触地说：“常书记承诺的实现村民年终分红增长的计划，目的就是要让老百姓改变这个观念，实际上，企业还在为我们做贡献，不是不做贡献的。”

此外，对于村庄福利的不安全感也是一个比较突出的问题。特别是对老年人来说，他们因福利水平的不断提高而欣喜不已，但他们仍旧认为，今天蒋巷的发展以及由此带来的福利增加背后还是常书记个人努力的结果，所以对他充满感激。村民们很清楚，在福利的来源上，无论是来自外面的支持还是改制后企业的上缴利润，常书记都是最关键的环节，在某种程度上是不可替代的，这使得常德盛在村庄中具有更为特殊的地位。在这两种情绪的影响下，常德盛个人的威望也不断得到强化。

村庄的福利组织方式在一定程度上造成了对荣誉和权威认同的代际差异。在蒋巷村做调查时，笔者曾询问不同年龄段的人对于自己是蒋巷人的自豪感有多强，那时笔者能直接感受到这种代际差异。老年人对于自己是蒋巷人而感到无比自豪，特别是与周边村庄老年人的处境相比时，他们的这种自豪感更是溢于言表。他们说："现在周边村庄的老人都很嫉妒我们。"相比而言，年轻人的这种自豪感和认同感则要低一些。对于老年人来说，他们的归属感不仅是利益激发的，而且是在长期的村庄建设中形成和强化的。而对于年轻人来说，他们缺乏这种村庄建设的情感体验，因而对村庄的归属感也就相对较弱。

二、村规民约大讨论

从上述介绍中，我们能感觉到纯粹的福利待遇并不是实现村庄整合的唯一手段，有的时候甚至可能会因攀比、惰性而产生一些不满足甚至是抱怨的情绪。常德盛也很清楚，单一地强调福利待遇的增长会带来很大的压力，且由于企业经营受外部环境影响会出现波动，但村民对福利的期待却是刚性的，若两者不相匹配，反而会产生一些不满情绪。村庄越是发展，工作反而越难做，这是包括常书记等很多干部在内的共同感受。对于常德盛来说，他并不能要求其他村民们也和他一样。因此，在新形势下如何用制度和精神来感化村民与整合村庄就显得特别必要。

很多关于超级村庄的研究均发现，权威的维系从来都不是单一地依靠利益激励，而是辅之以其他形式的宣传和规范措施。如冯仕政对南街村的研究发现，严格的军事化管理措施和意识形态引导是维系权威的重要方式。[①] 周怡对华西村的研究则发现，除了利益导向外，村规民约是整合村庄

① 冯仕政：《再分配体制的再生：杰村的制度变迁》，国家行政学院出版社 2002 年版。

和维系权威的重要措施。[①]

常德盛日益意识到，过去几十年的村庄集体主义在很大程度上依赖的是人治，这种依赖甚至导致他一直无法如愿退休。未来的发展则必须依靠一套制度。常德盛说："有了好制度，才能避免人治，蒋巷的未来才能走得长远，甚至没有我老常照样行。""只要我在一天，就要做好每一天，把村里的难事一个一个解决掉，尽可能不给未来留下后遗症，但最终蒋巷村的发展还是要靠大家。"

为了让村民们都自觉地参与到村庄建设尤其是公共利益的维护中来，形成一种有效的约束和引导机制，蒋巷村于 2008 年通过村民自治的方式制定了《蒋巷村村规民约奖励制度》，该制度共有 18 条。村规民约的制定过程充分尊重了广大村民的意见，村里的发展规划、集体经济经营管理、村级社会事业建设、村民福利奖励等规定均有章可循。每次修改，都是村里出"初稿"，然后召开村民代表大会进行讨论，再根据村民意见进行调整，直至 186 户村民共同签字方能通过。

村规民约的核心思想是要求村民以村庄整体利益为重，服从村庄规划和安排。在这 18 条村规民约中，最主要的内容是关于村民拆迁和搬迁问题的，村规民约的前三条都是针对上述问题的规定。这在某种程度上反映出蒋巷村在村庄治理中出现了新的问题。上一章也指出，第二次村庄建房出现了与第一次村庄建房不同的问题，村庄在这次建房搬迁问题上遇到了很大的阻碍。纯粹依靠常德盛的个人权威已经无法简单解决这种利益纠纷了，因此村规民约就成为协助村庄治理的重要措施。

为了使村规民约深入人心并成为村民内在的认同准则，村庄开展了一次针对村规民约的大讨论，村民们纷纷表达了自己的意见。这些意见大致有三种类型，可以从侧面反映出村民们对村庄治理的态度和感受。

第一种是纯粹地表达感恩，同时表达自己遵守村规民约的态度。持有这

① 周怡："共同体整合的制度环境：惯习与村规民约——H 村个案研究"，载《社会学研究》2005 年第 6 期。

种态度的主要是一些老年村民，他们是村庄从贫穷落后到今天“人间天堂”的见证者和亲历者，对村庄和常书记有着特殊的情感。从下面的表述中，我们能感觉到他们朴素的感恩之情以及由此产生的维护村庄利益的强烈责任感。

“家里那时穷，常书记给了我一个在村里做水电工的机会，我十分珍惜。我会一直好好地干下去，遵守村里的村规民约，配合好村里的工作。”(JLY)

“在书记的带领下，我们要把蒋巷村整个绿化工作做好，在全村合适的地方种上花卉，为魅力乡村更上一层楼努力，也为蒋巷村的旅游业添砖加瓦。”(WWY)

“我们家没有到村里借一分钱，现在我们一家人开开心心，村里给村民的待遇很好，对老年人也好。我们大家要靠自己的双手，要肯吃苦，肯干活儿。有些人到村里找麻烦，那是不对的，也解决不了问题。”(JAS)

“那时候家里穷，多亏了常书记的帮忙，才有了我们一家人幸福的今天。我们讲话要凭良心，别人都羡慕我们村，我们更要好好地珍惜，特别是自己可以克服的困难不要去找村里，不能过分依赖村里，要自己想办法解决，人人都要维护我们的家园。”(LHY)

第二种是在对村庄进行理性分析的基础上倡导遵守村规民约。持有这种态度的以中年人为主，他们自身有丰富的人生经历，了解村庄发展的不易，虽然他们在村庄的发展中有不同的诉求，但倾向于理性地表达诉求，而反对无理取闹，因此具有维护村庄整体利益的大局意识。

“蒋巷村现在的福利待遇这么好，哪有一个村可以比得上？我自己创办个小企业都感觉吃力得不得了，何况村里的事情更要复杂，所以我非常理解村里领导们的辛苦。希望大家也要理解，都是为了蒋巷村更好。”(CSX)

“在常书记一班人的带领下，蒋巷村每年都有新变化，尤其是在农业基础建设方面打下了基础。我是村里的种粮大户，今年因为天气的原因，在收成上造成了一定的影响，但是我有责任也有义务上缴农田租金费，不拖欠并且足额上缴。严格遵守好制定的村规民约，力求在农业这一块突破创新，更上一层楼。最近村党委组织村民培训，围绕‘爱党、爱国、爱家乡’三爱教育，以此来提升全体村民的整体素质。作为村民，我们就要好好配合村党委的工作，发挥好家风、好家规的作用，教育好下一代，传播正能量，共同管理好我们的家园。”(DSY)

“我那年也想到村里拿厂房，结果名额有限没有拿到。我很理解，这么多年，村里这么多户人家，常书记哪一家没有去过？我们大家有什么事情应该坐下来好好商量，不能去村里瞎闹，要共同为建设好蒋巷村这个大家庭出力。”(JAM)

第三种是基于对村庄不良现象的批判而呼吁对制度和规则进行遵守。持有这种态度的主要是有着较强权利意识的年轻人，他们对村规民约的态度并非基于朴素的感恩情感，而是希求建立公平公正的制度。在一定程度上，也表达了他们希望参与村庄治理的愿望。

“做人要堂堂正正，不能做虚伪的人，不能人前一套，背后又一套。有什么意见要大胆提，村两委班子也都会接受的，村里也要公平公正，多为老百姓考虑，严格执行村规民约。”(ZXJ)

“住在蒋巷村是非常幸福的，我有一个提议，村里应该组织一个议事会团体，有什么事情让村民们一起出主意，不能所有的压力都让村干部去承担，这样谁也没有办法影响谁。处理问题应该以公开、公平、公正为原则。”(ZXZ)

显然，这一大讨论对于新形势下凝聚村民的共识具有重要的意义。如果说过去的几十年里常德盛一个人将蒋巷村扛在肩上艰难前行，那么现在，蒋巷村村民开始意识到，未来需要有一套有效的公共制度，这样既能减轻老书记的负担，又能实现村民们充分的政治参与。在这一讨论中，我们可以看到，不同代际的出发点不尽相同，他们对村规民约的意义认同也有差异，但对所有人都应该遵守村规民约的态度却是高度一致的，而这也是村规民约具有效力的重要保障。

除了通过大讨论来形成共识以增强村规民约的有效性外，另一个重要的方式就是将遵守村规民约的行为与社区股份制分红联系起来。为了保证村规民约的实施效果，蒋巷村村规民约的一个重要特点是利益导向。在制定村规民约前，村民的年终分红是无条件享受的。制定村规民约后，村民的年终分红开始与村规民约的实施情况相挂钩，即只有在执行完 18 条村规民约后，村民才能得到全额的奖励和享受全额的各种福利。如果有赌博、搞封建迷信、乱搭乱建、毁坏绿化、违反纪律等影响村庄公共利益的行为，按照有关条款规定，相关行为者将不能享受全额集体福利，至于行为判定，则由村民选举产生的新农村管理督察队负责考核检查执行。

此外，为鼓励村民家庭积极参加会议、培训、募捐、志愿服务等活动，认真参与“三文明”（支部争创文明支部、单位争创文明单位、家庭争创文明家庭标兵户）创建活动和村民读书学习竞赛，除每年评比表彰以外，另行考核奖励；引导村民领会“强村富民、共同富裕”的内涵，在集体营造的大环境中能自主创业、爱岗敬业，依靠但不依赖集体；有合理诉求只要通过正当途径提出，也能给予奖励。

村规民约作为一种大家共同认可和制定的制度，在村庄治理中的作用日益突出。这一制度对良善行为给予了保障，对不良的倾向给予了约束。特别是在实践中，即便出现的仅仅是一些影响村庄利益的小问题，也会有人站出来指正督促。此外，在村庄治理中还充分发挥了村民议事会、村民代表、新农村建设督管队和监督检查小组的作用，保证了乡村治理的有效推进，逐步探索出善治、法治、德治、自治“四位一体”的社会治理新模式。

三、“感恩”的读书会

在过去农业起家时代，常德盛面对村庄的贫穷破败喊出了“天不能改，地一定要换”“穷不会生根，富不是天生”的口号，这些口号成为驱动一代蒋巷村村民跟着老书记不断奋斗的精神支柱。然而要使这一精神能够传递和感染更多的村民，则需要教育和感化。显然，集体主义道路的持续是需要一种价值理念支撑的，一旦缺乏这种强大的精神支柱，各种机会主义、“搭便车”，甚至假公济私的问题就会逐步显露出来，最终导致集体瓦解。为了不断凝聚人心，传递“蒋巷精神”，培育新型的、有知识、有文化的新农民，蒋巷村于 1997 年成立了“农民读书协会”，2000 年全面动员家庭参与读书学习活动，要求基本理论深学、科学知识精学、修身知识勤学、急需知识先学、文明知识多学，做到人人是学习之人、家家是学习之所。村里自办广播电视信息窗栏目，图书馆每天免费开放，每年向村民家庭赠阅《苏州日报》等“四报二刊”，鼓励村民们撰写读书笔记。村里先后投资了 3 000 余万元，建起了农民剧场、科普馆、远程教育中心等设施，并进行经常性的时事政治、政策法规、热点问题解读，组织演讲比赛、书画比赛、棋牌比赛等活动，较好地满足了农民的精神文化需求。

成立读书会的最初目的是响应上级政府要求的培养学习型农民的号召。不过对于村庄来说，读书会很快转化为村庄治理的重要手段。读书会的一个重要目的就是树立村民中的典型，所谓典型就是以村庄利益为重，服从村庄的安排，遵守村庄的规章制度。蒋巷村每年开展“读书学习先进家庭”评选活动，表彰学习型家庭 180 户左右，发放奖金 30 多万元。

读书会的主要形式是鼓励村民多读书并且写心得体会。笔者曾经仔细阅读了村民们的心得体会，发现有很多心得体会都是表达对常书记的尊敬和感恩之情。以下是几个村民的读书笔记摘抄：

“……村里人常说‘蒋巷村有千好万好，最要紧的是德盛书记好’，常书记当村干部 40 年来，最常说的一句话是：在带领群众致富奔小康的道路上，党员干部要一马当先！不管‘换地’还是创办企业，他付出的心血、汗水都是最多的。”(YHL)

"……蒋巷村能有今天的成绩离不开常书记的努力，我们每一个村民都要学习他几十年如一日的拼搏精神，把村子建设得更美好。"(ZXJ)

"……在常书记的领导下，我们蒋巷村走上了致富之路。在外读书多年，常听到有人说起我们蒋巷村，说蒋巷村如何如何好，我自己也感到很光荣。我坚信，我们蒋巷村未来会更好，而生态园就是将来旗帜性的标志！"(XWP)

读书体会是村民们内在情感的表达，也是他们相互学习以强化自觉意识的过程。从上述读书体会的摘录中，我们能感觉到"感恩"作为一种主要的情感表达着村民们对村庄共同体和村庄权威的认同。特别是对于村庄的年轻人来说，与他们的父辈相比，他们缺乏对村庄共同体的情感认同和集体意识，这种集体意识的缺乏是与他们的生活体验分不开的。部分年轻人甚至说不出今天的全国文明村是如何发展起来的，因此他们也很难有深刻的情感体验。用"感恩"来治理村庄是比利益刺激更为重要的手段，因为只有前者才能唤起村民发自内心的认同，而后者只能达到短期的满足。此外，物质利益的刺激往往会不断激发村民们更高的物质需求，对于村庄来说，依靠这种手段来换取的认同是不可持续的，而感恩之情则是可以感染和传递的。特别是在以道德模范为价值追求的精神文明学习过程中，在争创"文明单位""文明家庭""文明村民"等活动中涌现的一些感人事迹，很好地体现了全国文明村的特质。

第四节　何去何从：超级村庄的张力

从表面上看，超级村庄一直处于和谐发展中，村庄的经济实力进一步增强，村民的福利也不断得到提高，村庄在外界的影响力也越来越大。不过，这一时期超级村庄也出现了前所未有的张力。这些张力包括结构性、制度性和情感性三个层面的张力。超级村庄的张力使得村庄的未来发展充满不确定性。

一、结构性张力：公与私的较量

我们在蒋巷村做调查时总会陷入这样一种理解上的困境。外界普遍将这种村落称为集体主义村落，而且从整体规划、村庄福利和社会整合等各个角度看，也确实能发现此种集体主义的痕迹。然而在这一集体主义村落中，我们处处都能感觉到村庄权威的影响，无论是村庄规划、村民福利还是社会整合，都是高度维系于一人的，村民们对此具有更清晰的认知。换言之，所谓的集体主义村落实际上是高度个体化的，这一张力背后的本质是公与私的张力。而这一张力在实行村庄集体化以后就形成了，只是在不同时期展现出不同的形态。正如前面所指出的，在集体化时期，当蒋巷村村民懵懵懂懂地走进初级社的时候，他们对集体这一新生的事物还缺乏认识，更不用说是情感的认同和依附了。村民们在国家权力的动员和组织下，在村庄权威的带领下，投身到集体的生产中去，在村庄获得荣誉的过程中逐步形成了集体意识。在这一时期，个人和家庭利益几乎没有生存的空间，因此公与私的张力是最小的。直到今天，那些年纪大的村民们还对这段集体化时光津津乐道。由于常德盛这一社区导向的村庄权威为集体化体制注入了温情，因而在蒋巷村中，集体化并没有遭遇到严重的问题。

市场化改革对公与私做出了新的诠释。农村的市场化改革首先意味着国家不再直接去动员和组织农村的生产经营活动，过去的生产队和大队不再是一个实质性的经济组织，集体也失去了根基。家庭联产承包责任制使得家庭和个体重新成为农民的决策单位。公与私的张力由此凸显。特别是在市场化改革中，村庄的整体利益和村民的个体利益开始出现了不可避免的张力，两者既有合作与统一的一面，也有竞争和冲突的一面。由于集体经济自身存在的产权不清晰而导致的激励机制不足，使得集体经济的发展出现深层困境，这都反映出公和私的紧张关系。显然，当个体利益已经成为村民们的首要追求时，我们不可能完全依靠一个道德性权威来维系村庄的“公”。这一时期，公与私的张力不断加剧，并最终走上企业改制的道路。

为什么会出现这种公与私的张力？这就必须诉诸对集体本身的理解。刘金海指出，集体并不是天生就有的，这需要以国家的名义来构造，农业集体化或农业合作化的过程实际上就是国家构造集体及集体权利的过程。刘金海进一步指出，如果没有国家政策和国家权力做后盾，也就没有集体性的合作社这一社会组织及集体财产权利。[①] 此后，虽然村庄历经制度变迁，但是这一集体的属性并没有发生根本性的变化。正是因为这种集体产权并非建立在农民个体产权基础之上，这使得“集体的公”和“农民的私”在某些方面是对立的，简言之，这里的集体本质是一种“被集体”。

二、制度性张力：国家“进”与“退”的辩证法

诺斯在讨论产权时，提出了一个令人深思的问题，即国家的存在一方面是经济发展的关键，另一方面也是经济衰落的根源，这种现象被称为“诺斯理论的怪圈”或“产权悖论”。在蒋巷村的发展中，国家也陷入了这种进退两难的境地。一方面，国家的退出是为了明晰国家与村庄的关系，从而让村庄获得自主发展；另一方面，国家在退出的同时，又以另一种形式重新介入，从而建立了国家与村庄更为紧密的联系。因此，国家的“进”与“退”成了理解村庄发展变迁的重要因素。

笔者在第二章中已经指出，当我党以轰轰烈烈之势迅速地完成解放和土改，国家以前所未有的深度进入农村社会后，我们在分析农村的发展变迁时就必须把国家纳入分析的中心。需要注意的是，国家的介入并非一成不变，在不同的时期，国家扮演着不同的角色。人民公社是国家进入村庄的主要载体，人民公社的建立意味着自然村落被纳入公社制度框架内，从而使得村庄权威能够更好地动员乡村社会力量。在这一过程中，公社与村庄、公社

---

① 刘金海：“从农村合作化运动看国家构造中的集体及集体产权”，载《当代中国史研究》2003 年第 6 期。

与村民之间无时无刻不存在这种张力。较为悖谬的是，在这一时期，常德盛基于实事求是的精神抵制了不合理的政策，这一抵制反而为村庄赢得了发展的空间。在那个时期，对于大多数农村来说，全能的国家介入村庄导致了农民自由使用乡村资源的可能性丧失，乡村社会逐步陷入凋敝的境地。在这种国家与村庄的张力下，公社制度最终走向解体。

农村的市场化改革在一定程度上意味着“国退民进”，国家不再直接介入农村的生产经营，为农民的生产经营自主性提供了一定的空间。但是正如学者们所告诫的，我们必须辩证地看待这一时期的国家退出。这一时期，国家只是形式上的退出，而实质上以另一种形式更深层次地介入进来。首先，农民的土地产权仍然归集体所有，这意味着最终归国家所有，因此国家可以根据自己的需要随时介入村庄；其次，国家仍然掌握着村庄发展所需要的各项资源和政策，这使得国家可以随时介入农村事务。那些与国家建立了特殊联系的村庄无疑能得到更多的帮助。

产权改制可以视为国家进一步的退出，从而使村庄真正面对市场并实现自主发展。不过，对于超级村庄来说，这种改制并没有削弱国家与村庄的联系。在新的创业过程中，村庄也积极将原先的政治优势和组织优势转化为发展优势，从而得到了更高的关注和肯定。

三、情感性张力：平衡不同利益的心理委屈

超级村庄的张力不仅是结构性和制度性的，同时也包括情感性张力。一方面，在过去几十年的发展过程中，常德盛带领村民实现了高速发展，从而使村民过上了今天高福利模式的生活。村庄绩效和常德盛个人的人格魅力为他赢得了村民的信任，但企业的改制也给村庄的发展带来了一些心理冲击。另一方面，在村庄长期的发展中，村民们几乎把村庄发展的全部希望寄托在了常德盛身上，这种寄托也使得常德盛无论将工作做得好还是坏，他都成了大家审视的对象，这给常德盛带来了很大的压力。

然而，同时我们发现，当常德盛承载着村庄发展的全方面责任的时候，

他也一定程度上承受着来自部分村民的不解甚至不满，毕竟要平衡各方的利益并不是一件容易的事。虽然这部分人未必会公开表达自己的不满，但是他们会通过一种消极的方式来表达，如前文所提及的村民的不搬迁行为和赖账行为等。

这种不满首先是因企业改制所造成的影响。企业改制在一定程度上冲击了村民原先朴素的公平观。虽然改制是形势所逼、大势所趋，但是村民考虑的是直观的利益。改制后不可避免地造成了利益的分化，特别是产生了一些百万甚至千万富翁，虽然普通村民们的福利并没有受到影响，甚至仍然不断提高，但是改制产生了相对剥夺感，这使得一些村民产生了不满情绪。其次，不满还来自村民们对福利的更高期待。虽然今天蒋巷村的村民们已经过上了高福利的生活，这些高福利让周边其他村庄的村民羡慕不已，但一些村民认为，这些福利是他们应该享受的，甚至他们还可以得到更多。除了部分村民因为相对剥夺感而产生不满情绪之外，一些承包了企业的老板也有一些怨言，一个老板就表示说："自己也不知道要上缴这些钱，我已经买断了企业，现在企业就是我个人的企业了，而且我也安置村民的工作了。如今书记让我们上缴利润，我们也没办法。"

在村庄的发展和利益分配过程中，常德盛特别回避了自己的亲戚。在做田野调查时，笔者曾经访谈了常德盛在本村的妹妹常美珍。常美珍已经不再工作，而是在家里专门带孙子。她的丈夫在一家工厂里负责安全方面的工作，他们唯一的儿子在一家工厂里做车间主任，每月工资 2 000 元，儿媳妇在仓库里做质量检验员，工资也不高。当笔者问她对常德盛的决定是否理解时，常美珍说："我们总归要理解的，不理解能怎么办。我们也要体谅他的，不能给他太大压力了。"

上述不同的情感表达形成了一种深层的张力。普通村民、企业主和常德盛的妹妹，他们都基于不同的立场来表达自己的想法，既有基于传统伦理道义原则的，又有基于直接利益原则的，还有一些则基于亲情原则，各种立场缠绕在一起，以至于我们很难厘清这里的是非对错。在这些情感张力面前，我们更能体会到常德盛身上的压力。无论如何，村民们对常德盛仍然充满感激，正如一个村民所说的："常书记确实是一个很好的领导，他要去处理很多复杂的关系，非常不容易。"

四、超级村庄未来的困境：退不下来的书记

常德盛在与调研组聊天的时候说起了村庄治理的事情，他说："虽然村里的很多重大决策都是我拍板的，但是我老常敢说，我是没有私心的，是全心全意为村民着想的。我不敢说我的决定100%都是正确的，但至少95%是正确的。"常德盛的这句话反映了蒋巷村的基本治理模式，即在道德型权威影响下决策的高度集中化。而这一治理方式能得到上级领导和村民的高度认可，根本上是因为他是"全心全意为村民着想的"。

早在2006年的时候，常德盛就表达了自己想卸任的意愿。与一般村庄不同，常德盛并没有选择让自己的儿子来"接班"，而是从镇里外派了一名干部作为后备书记培养。常德盛想退下来的想法引发了村民们的极度担忧，其中最担忧的是村里的老年人，他们现在享受着村庄的高福利，并认为这一切都是常书记的功劳，如果常书记退下来了，他们的高福利就得不到保障了。即便是那些潜藏不满的村民，在这一问题面前，他们的态度也是高度一致的，他们认为常书记不能退下来。除了村民之外，地方政府也有类似的想法，因此当常德盛向上级领导表达这一意愿时，他们都表示挽留，希望常德盛再干几年。

为什么这个超级村庄如此高度依赖一个个人权威？第一，从历史的视角来看，蒋巷村在过去几十年的发展过程中已经深深地打上了常德盛的个人烙印。无论是农业起家、工业发家还是旅游旺家，每个阶段都是常德盛以极大的魄力和勇气，同时又承载着极大的期待和压力而实现的。村民们深知，如果缺少这样一位书记，那么村庄今天的这些成就几乎是不可能实现的。毫不夸张地说，没有常德盛就没有蒋巷村的今天，村民们对这一点几乎是没有异议的。而常德盛在蒋巷村的长期发展过程中所形成的声望和影响

力几乎是很难被替代的。第二，从现实的利益角度来看，今天村庄发展的各种资源，无论是来自政府的支持，还是来自市场的资源，都与常德盛个人有着不可分割的关系。如蒋巷村的工业企业每年向村庄上缴的利润，就是因常德盛的个人权威而实现的。这些承包了企业的老板过去都是追随常书记一起创业的人，所以书记对他们具有很大的影响力。另外，村庄红色旅游的一个主要卖点是学习常德盛作为优秀共产党员的精神和工作方法。显然，如果缺少了这样一位书记，那么各种资源的联系纽带也无疑会被削弱。第三，常德盛的个人品性是无法被复制的。作为一个道德型权威，常德盛最令人钦佩的是他无私的道德品质，尤其是他始终坚持着的“全心全意为村民谋福利”的价值理念。即便在今天，我们仍能看到，常德盛只要在村里，就不辞辛劳地到处走动，观察生态园里的农作物，向来自全国各地的游客介绍村庄的情况等。很难想象，如果不是一种强大的信念和对村庄的特殊情感，是很难支撑常德盛几十年如一日的奉献和付出的。

不仅对于蒋巷村村民来说常德盛是退不下来的，对于当地政府来说，他们也不希望常德盛退下来。如今的常德盛已经是全国劳模、全国优秀共产党员，这不仅是常德盛个人或者蒋巷村的荣誉，也是一个地区发展成就的标志。在某种意义上，常德盛和蒋巷村是代表着苏南地区发展模式的一面旗帜，这样的典范对地方政府的治理具有重要的启迪作用。

第六章 结论和讨论

第一节 再论德治体制与村庄权威

本文追溯了一个超级村庄从1949年到2009年的发展变迁历程。在这60年的发展过程中，村庄高度发达的集体经济和一个具有高度魅力的克里斯玛型道德权威构成了研究村庄的两条主线。而这两者在逻辑上很难被区分开，一方面，正是依靠道德型权威才打造了蒋巷村这一闻名全国的超级村庄；另一方面，村庄所坚持的集体主义发展模式为村庄权威的树立奠定了基础。

在过去的60年里，蒋巷村经历了集体化、家庭联产承包责任制和企业改制等决定村庄走向的大事，不同的时期主导村庄发展和村民行动的逻辑是不同的。从1949年一直到集体化时代，生存逻辑是主导村庄发展和村民行动的主要逻辑，对于村支书来说，如何带领村民通过农业发展解决村民的温饱问题是头等大事；对于村民来说，基于生存目标而形成的朴素伦理道义观是其认同权威的基础。在这一时期，常德盛不仅带领村民投身到土地平整等村庄生产中去，更是为了村庄的利益抵制不合理的政策，在农业集体化时代形成了自己的权威。农村的市场化改革使得生存逻辑不再是主导村民行为的主要逻辑，市场利益在这一时期成为村民们更主要的追求目标，这要求村庄和村干部要能够适应市场经济的发展需求，而这超越了传统意义上对传统道德模范的要求，更重要的是，村干部要能够带领村民通过市场化和工业化发展走向致富，因此权威的维系扩大或分崩离析与否在很大程度上取决于村庄市场化发展的成败。作为一个擅长农业生产的村庄书记，常德盛在经历最初的市场挫败后，成功带领村庄发展了现代工业。企业改制是村庄经济结构的一次重大的体制变革，不仅利益逻辑得到了强化，而且村民们对自己的权利也有了进一步的认识，权利逻辑逐步成为这一时期影响村庄发展和村民行为的重要驱动原则，这对村庄的发展和权威的维系产生了更大的挑战，常德盛通过带领村民第三次创业，并且在后改制时代通过逐步建立基于社区股份合作社模式的集体经济，将蒋巷村打造成了农业、工业和旅游业协调发展的全国文明村，常德盛个人也在这一过程中成为全国道德模范和优秀共产党员。

无论外部的制度环境和社会结构经历了怎样的转型，贯穿蒋巷村的一根主线始终没有变化，即常德盛依靠个人的道德品质和超凡魅力维系了一个集体主义的超级村落。这就回到了本文最初所设问的问题，即一个集体主义村庄为什么会如此高度地依赖一个人？未来的蒋巷村将何去何从？

本书认为，首先，我们在研究常德盛和蒋巷村时，必须将这两者放置在德治体制的框架下来进行分析，只有如此，才能使其获得理解。“德”是常德盛个人的追求，并且是他一以贯之的。村民们在谈到他们的常书记时说，常德盛把“德”留给自己，把“常盛”留给了蒋巷。一个村庄书记的“德”在国家推动的“德治”治理体系中获得了认同和升华。最难能可贵的是，常德盛身上同时具备了传统的儒家伦理道德、官方意识形态道德和市场经济的实用主义道德，并且他很好地处理了三者之间的关系。一是常德盛以村庄社区的利益为根本出发点，遵从中国传统社会的道义伦理，无论外部的环境如何变迁，无论他的做法是否能够充分得到村民们的认同，无论他承受怎样的外部压力，他以村庄利益为本的出发点始终没有改变，这体现出常德盛秉持了为社区服务的内生责任；二是作为一名优秀的共产党员，作为一个最基层的村庄书记，常德盛对党忠诚，始终坚持和践行全心全意为人民服务的宗旨，坚持实事求是，并通过党性原则和灵活的策略，较好地化解了一些内在冲突，体现了一名优秀的共产党员应该具备的道德品质；三是在村庄发展的过程中，常德盛能够适应不同时期的形势发展需要，在具备政治和意识形态的道德基础上，又具备以市场利益为追求的实用主义道德。常德盛以这种适应市场的能力带领村庄实现了工业化和现代化，并给村民们带来了实实在在的福利。类似常德盛这样一个既符合社区利益，又具有高度的政治意识，同时还能适应现代市场经济发展的村庄权威，得到了国家的高度认可和支持，在某种程度上其也是具有不可替代性的。

其次，从村庄内部来看，德治体制形塑了村民与村庄权威的关系形态。对村庄权威常德盛来说，他通过自己的道德、能力和资源为村庄谋发展、为村民谋福利，形成了一种德治权威，在不同的阶段，村民们始终都愿意跟随书记并给予其充分的信任。对于村民来说，当他们享受着今天的幸福生活时，他们对常书记报以感恩和尊敬，道德是他们形成信任、认同的主要依据。

再次，从国家与村庄的关系来看，德治是国家治理模式的重要组成部分。在国家主导的治理框架下，乡村社会治理推崇的是自治、法治和德治相结合的治理体系。在这一体系中，德治具有特殊的意义和价值，它是国家对乡风文明和道德伦理的倡导与认可，其中包含了各种荣誉和资源的分配，如对全国文明村荣誉的授予。通过德治体制，国家和村庄建立了紧密的联系，影响并塑造着村庄的发展轨迹。需要特别指出的是，虽然经济不断走向现代化，制度不断地趋于理性化，但是国家与社会的关系却没有发生根本的变化，德治在当今时代反而得到了更大的肯定和强化。

最后，在蒋巷村内部，常德盛是社区利益的代言人，是村庄共同体的当家人，是村庄发展规划的总设计师，是带领村庄奋力开拓的总舵手。在蒋巷村与外部的对接上，常德盛是国家与村庄联系的桥梁和中介，是代表中国优秀基层村支书的典范，是拓展外部市场和社会关系的编织人。常德盛是中国乡村德治治理体制最好的践行者，他将传统的儒家道义、共产党的干部价值与市场经济的实用主义道德有机地融合起来，他是蒋巷村从贫穷落后走向富足文明的关键因素，甚至是一种决定性的力量。他凭借个人的优秀品质形塑了村庄的品格，依托他个人的关系而获取的资源也是村庄发展的核心资源。而这些品质和资源都不是能够简单继承与传递的，在这个意义上，我们理解了一个集体主义村庄为何在某种程度上又是高度个体化的。

德治体制形塑了集体主义村庄和村庄权威，但同时也带来了深层的张力。在蒋巷村做调查时，“良心”无疑是让笔者印象最为深刻的两个字眼。“良心”或许是最难捉摸然而又是最能传递意涵的两个字眼，“良心”是被现实社会普遍认可并被自己所认同的行为规范和价值标准。在汉语中，良心总是与恩情、亏欠等联系在一起，意为对得起自己，对得起别人。然而更多的时候，良心往往是与自己的行动没有得到别人理解的语境结合在一起的。良心是一种被社会普遍认可的价值标准，但同时又没有得到一些人的认同，这表明对良心的界定缺少一套客观的标准和原则，即它是主观认定的，具有弹性和情境性。这种弹性和情境性使不同的人根据自己的立场做出了不同的阐释。

在过去几十年的发展过程中，虽然村民们对这位当家人无比拥护，常德盛也享有高度的权威，然而他也难免会遭受一些不解和误会，特别是在企业改制的过程中出现了一些不同的声音，对此，常德盛也心怀委屈，他说：

“假如说，我这样子对蒋巷村，还有人有不满，我可以讲这是带有恶意的。实际上，这些心怀不满的人在改革开放的过程中没有好好做工作，没有为集体出力。以前我在创业的过程中上当受骗，后来没有办法，我自己找项目，发展企业，当时企业已经垮了，我一个人强制性地把集体企业搞上去。

中国99%的企业最后都会变成‘家’的，我没有。我认为把企业做好是我的责任。假如我要当个大老板，他们反倒没什么话讲。”

常德盛的委屈或许是对德治关系和治理逻辑的最深刻的展示。在德治关系中，村庄权威和村民之间也存在一种交换关系，村支书通过自己的能力给村民带来切实的利益，村民理应对村支书给予理解和尊重，常德盛自己也曾经说过：

“我不是什么都不要，我要的是农民长期得实惠，安居乐业；要的是蒋巷人对一个老党员的理解和认同；要的是乡亲们都说改革开放好，社会主义好，共产党好。”

实惠和安居乐业在很大程度上是常德盛给予的，而理解和认同是村民们应当付出的。现在村民们没有给予村支书期待的这种回报，自然会使得他委屈和痛心。

江元生是在蒋巷村打工的外村人，当谈到针对上述问题的看法时，他直言不讳地说："在我看来，如果有人还心存不满，他就是不讲良心的，这个村庄如果不是因为常德盛，蒋巷村村民们能有现在的福利吗？在我们村，别说500万元了，我们5分钱都没拿到。"这些外村的旁观者用自己的境况作为评判标准，在他们看来，"蒋巷村村民已经比他们幸运多了，这些村民应该感到知足了"。

这些人都不约而同地提到了良心，但良心指涉的对象是不同的，然而在深层次又都是相同的：不同之处在于，每个人都是基于自身的立场和利益出发；相同之处是，除了用"良心"来为自己寻求合理性解释外，大家似乎找不到更好的理由。在这种利益和矛盾的纠缠中，大家根本找不到一种客观的、可量化的，以及可被大家所共同接受的评判标准，因此"良心"这一主观的评判标准就显得特别重要。这就好像每个人心里都有一杆秤，但是每杆秤的测量尺度是不同的，以至于同样的东西在不同的秤上称出的重量是不同的。

第二节　蒋巷村发展道路的启示意义

蒋巷村过去的发展充满坎坷、艰辛和张力，也充满了幸福、荣誉和认可。未来的蒋巷村如何发展，不仅是常德盛和所有蒋巷村村民最为关注的，也是社会所关心的。在调研中，蒋巷村村民较为确定的是，只要常书记在，他们就不怕。但是村民们对“后常德盛时代”的蒋巷村如何发展却没有做好充分的准备。显然，随着常书记的年龄日益增长，这个问题是不可回避的。笔者作为研究者显然无法给出更好的答案，然而在田野调查中，笔者却深刻地感受到，作为德治权威的常德盛为蒋巷村的发展打下了自己独特的烙印，这些烙印理应成为蒋巷村最为重要的精神财富和象征符号。对于笔者来说，研究蒋巷村并不是仅仅为了关注这个特殊的个案，而是尝试揭示这个村庄的发展密码，为中国农村的集体经济发展提供可供参考的样本。在这个意义上，蒋巷村未来将何去何从不仅是于单个村庄有意义，而且是具有普遍价值的。

蒋巷村的发展历史表明，中国农村的集体主义道路需要一种精神支撑。

学术界对中国农村的集体主义有大量的研究，它指涉的是关于农村土地、生产和分配的经济制度安排，是一种农村社会的治理模式，也是中国基层社会的重要整合方式。然而，我们同时应该看到，农村的集体主义还是一种价值信念和精神追求。当前，农村集体经济普遍衰弱，村庄的社会关系呈现原子化状态，农民的再组化合作难，产生这些问题的深层次原因是——维系集体主义的价值信念受到了挑战。在蒋巷村，我们从常德盛身上看到了一种守护和维系集体的精神力量，这种精神力量不仅应该是他个人独有的品质，更应该成为一种普遍的价值追求，并被广大农村基层干部以及新时代的农民学习、内化、宣扬和维护。常德盛身上的这种精神力量又可以概括为如下特征。

首先是对农村、农业和农民的深挚情感，这种情感凝结在几千年中国乡土社会的发展历程中，也深藏并流淌在中国人的基因和血液中。虽然今天的中国正处于从乡土中国到城乡中国的转型过程中，但是农村和农业在中国经济发展和社会治理中所处的基础性位置仍然不会改变，农民仍然是中国社会的主体阶层。这就意味着中国社会发展道路的选择，以及各种制度和政策的制定都必须始终以这个阶层的诉求为出发点，在迈向现代性和城市化的过程中，不以抛弃和牺牲农民的利益为代价。在此，我们看到了常德盛对土地和农业的坚守，即便是在村庄工业不断发展的过程中，他也始终没有抛弃农业、破坏耕地。相反，蒋巷村村民通过工业反哺农业，创新耕种方式，使传统农业走向现代农业，并依托现代农业发展乡村旅游业，既发展了经济，又兼顾了自身的生活方式，使村庄成为现代新农村建设的典范。

其次是对美好生活的坚定信念以及守护这一信念的勇气。中国的农民在历史上是苦难最为深重的阶层，自然灾害、疾病、饥荒几乎曾是中国农民生活的主题。中华人民共和国成立后，农民实现了翻身，但在很长一段时间里，贫困和温饱问题仍然没有被解决。在这种生活境遇中，常德盛喊出的“天不能改，地一定要换”“穷不会生根，富不是天生”成了支撑村民改变自己境遇的精神支柱。

最后是对社区公共利益的守护。集体是一种社区公共利益，具有公共产品的特点，因此也具有普遍存在的“公地悲剧”难题。如何处理好公共利益和私人利益之间的关系，特别是在当前个人权利意识无比张扬的时代如何守护公共利益，都是对新时代中国农村社区工作者的重要挑战。常德盛作为一名大公无私的共产党员，他一生致力于对集体利益的发展和保护，这种精神在如今这个时代显得弥足珍贵。问题在于，今天是否还有可能塑造出更多像常德盛这样的基层干部？虽然社会大众对这个问题存在很多争论，但是对社区公共利益的关心、对社区公德的倡导和维护却应该成为共识。

中国农村集体经济的发展需要一个强大的基层党组织。农村基层党组织是中国共产党组织体系的末梢，是农村经济发展和社会管理的领导核心，是党在农村开展全部工作的基础，其在推动农村经济社会发展方面发挥了战斗堡垒作用。党组织“在组织村落公共活动、大规模经济政治文化活动方面，享有无可匹敌的权威性和组织力”①。农村基层党组织发挥着领导、服务、利益表达和社会整合的多重功能。基层党组织直接面对农民群众，本身就已扎根在农村社会中，他们对农民生活的感受和体悟更深，因此，及时回应农民的诉求，以农民的利益为行动的出发点也是党和人民对基层党组织的基本要求。从蒋巷村的发展历程中我们可以看到，虽然蒋巷村经历了中国农村经济和社会管理体制的巨大变革，但是其成功的最根本因素是党在基层的强大组织能力和动员能力。无论是常德盛带领全村农民进行为期20多年的基本农田改造，还是家庭联产承包责任制实行后的重新整合，以及在几次创业失败后的再出发，蒋巷村能够一次次站起来的重要原因是全村的人心没有散，以常德盛为领头人的基层党组织在村庄中的威信没有减弱。很难想象，如果蒋巷村在遭遇各种困境的时候，村民们对常德盛和党组织持不信任态度，那么蒋巷村是否还能发展成今天的全国文明村呢？

改革开放后，随着快速的社会转型，特别是市场化、城市化和工业化的加速推进，以及国家逐步退出基层社会的经济和生活，社会的个体化趋势日益明显。在这一过程中，基层党组织的组织和动员能力都受到严重影响。基层党组织权力弱化的另一个重要表现是干群关系的弱化，特别是农民对部分农村基层干部以权谋私、作风不正的批评已经成了一个不容回避的问题。总之，如何在当前社会快速转型的背景下加强基层党组织建设是一个迫切且紧要的任务。

蒋巷村基层党组织之所以强大，关键在于有一个好的“领头羊”和一支清正廉洁且能力强的干部队伍，因而我们必须超越个体权威对于村庄发展

① 吕德文：“基层权力失控的逻辑”，载《南方窗》2012年第14期。

的意义，去思考如何发展壮大基层党组织，加强基层党组织与农民群众之间的血肉联系。蒋巷村的发展历程对广大农村如何壮大集体主义经济的启发主要有以下几点。一是如何挑选和培育一个具有广泛公信力的村庄权威。常德盛个人的德治权威的形成过程可以作为中国农村基层干部选拔和培养的典型，即理想意义上的社区干部应该能够将社区利益、党和政府的精神以及实干的能力有机结合。这样的干部不仅能够得到农民的信任和认可，而且也能够得到党的肯定，从而将党组织的政治优势和组织优势切实转化为村庄的发展成绩。二是探索中国农村基层党组织功能的实现路径。基层党组织的领导、服务、利益表达和社会整合功能必须有机地嵌入中国农村的发展和治理中，即发展壮大集体经济、带领农民发展致富以及推动村庄的和谐有序。在蒋巷村多年的发展历程中，我们处处可以看到基层党组织的作用，如农业集体化时期的基础农田建设、工业化时期的闯市场、进入21世纪以来的新农村全面发展以及由此给村民带来的切实的福利等。显然，正是因为基层党组织给村庄发展带来了看得见的实惠，才能在农民心中树立合法性权威。三是一些优秀基层干部在长期的发展和实践中积累了丰富的工作方法，这些工作方法包括如何做群众的宣传动员工作、如何推动农民的合作、如何发展村庄经济、如何利用组织优势和政治优势、如何进行村庄的发展规划、如何帮助困难群众等，这些工作都是村庄干部的核心任务，也是当前村庄建设普遍面临的棘手问题。类似常德盛这样优秀的基层村干部在几十年的工作中所形成的经验和方法是中国农村社会治理的有效法宝和宝贵财富。因此，这些方法应该被很好地总结和梳理出来，形成具备推广和复制意义的中国农村发展与治理工作方法。

中国农村在集体主义道路上需要培育农民的主体性和公共精神。正如本书开头所指出的，在蒋巷村这样一个集体主义村落，村民们对村书记无比尊敬，但是对村庄未来的发展却充满了忧虑，这表明集体主义村落在某种意义上又是高度个体化的。笔者在调研时能深切地感受到常德盛所承担的村庄发展与治理的极大责任和压力，以及为了村庄未来发展的殚精竭虑。在村庄治理中，集体主义村庄的一个重要特点是纵向联系强于横向联系，村民们习惯依赖书记，这也影响了村庄未来的可持续发展。随着农民权利意识的不断增长，农村社会治理在迈向现代化的过程中对规则、程序和制度的要求不断提高，因而必须重构村庄的治理体制，在这一重构过程中，最为核心的是对村民主体性和公共精神的培育。

公共精神是一种对村庄公共事务的自发的关心、参与和守护，是建立在规则和制度基础上的有序参与。一个村庄的公共精神体现在村民的社区意识、社会交往、社区信任、社区合作、社区参与以及社区规则等方面。村庄的公共精神是村庄实现有效整合以及发挥强大组织动员能力的重要保障。在这个意义上，公共精神与集体主义具有非常密切的联系，然而两者却并不相同，这取决于集体主义形成的方式和内在机制。集体主义的实现可以是通过国家强制力量推动的，也可以是基于农民自发合作形成的。在农业集体化时期，国家推动的集体主义虽然也具有很强的动员能力，但是农民们缺乏内在的认同和有机的联系，从某种程度上来说，农民是被动地接受了集体主义，因此这种集体有着内在瓦解的倾向。此外，国家通过外部力量将农民组织起来，各个村庄之间甚至村民内部皆缺少横向交往，村庄之间更像一个个孤立的细胞，正如许慧文（Vivienne Shue）所指出的，这种社会结构是一种“蜂窝结构”（honeycomb），并不是一种有机的联系。①

问题在于，家庭联产承包责任制改革瓦解了集体的力量，特别是随着国家的退出，村庄出现了如阎云翔所发现的农民的个体化趋势。但是，个体化并没有导向基于权利义务意识的个人主义，而是出现了“无公德的个人”。年轻人用“个性”和“个人主义”为牺牲他人利益、追求个人利益、逃避履行责任等自私行为进行辩解。② 总之，并没有形成基于个人权利的公共性精神。蒋巷村作为集体主义村落虽然并没有出现这种公共性危机，但是，我们也能

---

① Vivienne Shue, *The Reach of the State: Sketches of the Chinese Body Politic*, California: Stanford University Press, 1988.

② ［美］阎云翔：《私人生活的变革：一个中国村庄里的爱情、家庭与亲密关系（1949—1999）》，龚小夏译，上海书店出版社 2006 年版。

感受到蒋巷村发生的一些变化。正如常德盛在介绍两次盖房经历时所提到的那样，现在的工作比以前更难做了，在这一过程中甚至出现部分村民无理向村庄索取个人利益的情况。正是在这一背景下，具有制度约束力的村规民约产生了。不过，张静在对乡村社会现代公共规则的塑造的研究中指出，村民的"公民"特性和现代公共规则的建构仍然是一个远未完成的过程。[①]关于公共性的培育，对蒋巷村来说同样任重而道远。

① 张静：《现代公共规则与乡村社会》，上海书店出版社 2006 年版。

参考文献

一、英文文献

[1] Anita Chan, Jean C Oi, David Zweig. State and Peasant in Contemporary China: The Political Economy of Village Government [M]. Berkeley: University of California Press, 1989.

[2] Gregory A Ruf. Cadres and Kin: Making a Socialist Village in West China, 1921 - 1991 [M]. California: Stanford University Press, 1998.

[3] Helen F Siu. Agents and Victims in South China: Accomplices in Rural Revolution [M]. New Haven: Yale University Press, 1989.

[4] Jean C Oi. Communism and Clientelism: Rural Politics in China [J]. World Politics, 1985, 37(2).

[5] Jean C Oi. Rural China Takes off: Institutional Foundations of Economic Reform [M]. California: University of California Press, 1999.

[6] Lin J Y, Nugent J. B.. Institutions and Economic Development [J]. Handbook of Development Economics, 1995, 13(1).

[7] Nan Lin. Local Market Socialism: Local Corporatism in Action in Rural China [J]. Theory and Society, 1995, 24(3).

[8] Pierre Bourdieu, Randal Johnson. The Field of Cultural Production: Essays on Art and Literature [M]. Cambridge: Polity Press, 1993.

[9] Richard Madsen. Morality and Power in a Chinese Village [M]. Berkeley: University of California Press, 1984.

[10] Victor Nee. A Theory of Market Transition: From Redistribution to Markets in State Socialism [J]. American Sociological Review, 1989, 54(5).

[11] Vivienne Shue. The Reach of the State: Sketches of the Chinese Body Politic [M]. California: Stanford University Press, 1988.

[12] Xin Liu. In One's Own Shadow: An Ethnographic Account of the Condition of Post-Reform Rural China [M]. California: The University of California Press, 2000.

二、中文文献

[1] [美] R. 麦克法夸尔，费正清. 剑桥中华人民共和国史　下卷　中国革命内部的革命　1966—1982 年[M]. 俞金尧，等译. 北京：中国社会科学出版社，1992.

[2] [美] 安德鲁·G. 沃尔德. 共产党社会的新传统主义：中国工业中的工作环境和权力结构[M]. 龚小夏，译. 香港：牛津大学出版社，1996.

[3] [美] 白凯. 长江下游地区的地租、赋税与农民的反抗斗争(1840—1950)[M]. 林枫，译. 上海：上海书店出版社，2005.

[4] 曹锦清. 黄河边的中国[M]. 上海：上海文艺出版社，2000.

[5] [美] 陈佩华，赵文词，安戈. 当代中国农村历沧桑[M]. 孙万国，杨敏

如，韩建中，译. 香港：牛津大学出版社，1997.
[6] 池子华. 中国近代流民[M]. 北京：社会科学文献出版社，2007.
[7] 邓大才. 走向善治之路：自治、法治与德治的选择与组合——以乡村治理体系为研究对象[J]. 社会科学研究，2018(4).
[8] 董磊明，陈柏峰，聂良波. 结构混乱与迎法下乡——河南宋村法律实践的解读[J]. 中国社会科学，2008(5).
[9] [美] 杜赞奇. 文化、权力与国家：1900—1942 年的华北农村[M]. 王福明，译. 南京：江苏人民出版社，2003.
[10] 费孝通. 乡土中国(经典珍藏版)[M]. 上海：上海人民出版社，2013.
[11] 费孝通. 乡土中国，生育制度[M]. 北京：北京大学出版社，1998.
[12] 冯仕政. 典型：一个政治社会学的研究[J]. 学海，2003(3).
[13] 冯仕政. 再分配体制的再生：杰村的制度变迁[M]. 北京：国家行政学院出版社，2002.
[14] [美] 弗里曼，等. 中国乡村，社会主义国家[M]. 陶鹤山，译. 北京：社会科学文献出版社，2002.
[15] 高艳芳，黄永林. 论村规民约的德治功能及其当代价值——以建立"三治结合"的乡村治理体系为视角[J]. 社会主义研究，2019(2).
[16] 郭于华："道义经济"还是"理性小农" 重读农民学经典论题[J]. 读书，2002(5).
[17] 郭于华. 心灵的集体化：陕北骥村农业合作化的女性记忆[J]. 中国社会科学，2003(4).
[18] 贺雪峰. 如何再造村社集体[J]. 南京农业大学学报(社会科学版)，2019(3).
[19] [美] 黄宗智. 长江三角洲小农家庭与乡村发展[M]. 北京：中华书局，1992.
[20] 姜晓萍，许丹. 新时代乡村治理的维度透视与融合路径[J]. 四川大学学报(哲学社会科学版)，2019(4).

[21] 李文治. 中国近代农业史资料：第一辑（1840—1911）[M]. 上海：生活·读书·新知三联书店，1957.
[22] 梁漱溟. 中国文化要义[M]. 上海：上海人民出版社，2003.
[23] 刘金海. 从农村合作化运动看国家构造中的集体及集体产权[J]. 当代中国史研究，2003(6).
[24] 刘笑萍. 农村社区股份合作制制度创新路径分析[J]. 农业经济问题，2005(9).
[25] 卢晖临. 集体化与农民平均主义心态的形成——关于房屋的故事[J]. 社会学研究，2006(6).
[26] 陆学艺. 改革中的农村与农民[M]. 北京：中共中央党校出版社，1992.
[27] 吕德文. 基层权力失控的逻辑[J]. 南风窗，2012(14).
[28] 罗珉. 魅力型领导理论述评[J]. 当代经济管理，2008(11).
[29] 马宝成. 试论有限政府的合法性基础[J]. 北京行政学院学报，2001(3).
[30] [德] 马克斯·韦伯. 经济与社会（上卷）[M]. 林荣远，译. 北京：商务印书馆，1997.
[31] [德] 马克斯·韦伯. 韦伯作品集Ⅱ：经济与历史，支配的类型[M]. 康乐，简美惠，译. 桂林：广西师范大学出版社，2004.
[32] 毛丹. 一个村落共同体的变迁：关于尖山下村的单位化的观察与阐释[M]. 上海：学林出版社，2000.
[33] 潘维. 农民与市场：中国基层政权与乡镇企业[M]. 北京：商务印书馆，2003.
[34] [美] 乔万尼·萨托利. 民主新论[M]. 冯克利，阎克文，译. 上海：上海人民出版社，2009.
[35] 秦晖. “大共同体本位”与传统中国社会（下）[J]. 社会学研究，1999(4).

[36] 秦晖.农民需要怎样的“集体主义”——民间组织资源与现代国家整合[J].东南学术，2007(1).

[37] 任阳镇志编纂委员会.任阳镇志[M].北京：中共党史出版社，1996.

[38] 申静，王汉生.集体产权在中国乡村生活中的实践逻辑——社会学视角下的产权建构过程[J].社会学研究，2005(1).

[39] [美]施坚雅.中国农村的市场和社会结构[M].史建云，徐秀丽，译.北京：中国社会科学出版社，1998.

[40] 舒全峰，苏毅清，张明慧，等.第一书记、公共领导力与村庄集体行动——基于CIRS“百村调查”数据的实证分析[J].公共管理学报，2018(3).

[41] 苏力.法治及其本土资源[M].北京：中国政法大学出版社，1996.

[42] 汤锦森，陈应春，王斌康.股份合作经济理论与实证研究——兼论深圳市罗湖区社区型股份合作经济[M].北京：中国经济出版社，2003.

[43] 万举.公共产权、集体产权与中国转型经济[J].财经问题研究，2007(5).

[44] 王景新，曹锦清，麻国庆，等.集体经济村庄[J].开放时代，2015(1).

[45] 王文彬.自觉、规则与文化：构建“三治融合”的乡村治理体系[J].社会主义研究，2019(1).

[46] 王颖.新集体主义：乡村社会的再组织[M].北京：经济管理出版社，1996.

[47] 魏沂.中国新德治论析——改革前中国道德化政治的历史反思[J].战略与管理，2001(2).

[48] 温铁军.重新解读我国农村的制度变迁[J].中国国情国力，2000(4).

[49] 吴理财.村民自治与国家政权建设[J].学习与探索，2002(1).

[50] 吴毅.村治变迁中的权威与秩序：20世纪川东双村的表达[M].北京：中国社会科学出版社，2002.

[51] 谢小芹.“接点治理”：贫困研究中的一个新视野——基于广西圆村

"第一书记"扶贫制度的基层实践[J]. 公共管理学报，2016(3).
[52] 熊万胜. 试论乡村社会的治理振兴[J]. 中国农业大学学报(社会科学版)，2019(3).
[53] 徐勇. 现代国家的建构与村民自治的成长——对中国村民自治发生与发展的一种阐释[J]. 学习与探索，2006(6).
[54] 许烺光. 祖荫下：中国乡村的亲属，人格与社会流动[M]. 王芃，徐隆德，译. 台北：南天书局有限公司，2001.
[55] [美]阎云翔. 差序格局与中国文化的等级观[J]. 社会学研究，2006(4).
[56] [美]阎云翔. 礼物的流动：一个中国村庄中的互惠原则与社会网络[M]. 李放春，刘瑜，译. 上海：上海人民出版社，2000.
[57] [美]阎云翔. 私人生活的变革：一个中国村庄里的爱情、家庭与亲密关系(1949—1999)[M]. 龚小夏，译. 上海：上海书店出版社，2006.
[58] 杨渝东. 集体主义的传统与再造[J]. 中国研究，2006(2).
[59] 杨郁，刘彤. 国家权力的再嵌入：乡村振兴背景下村庄共同体再建的一种尝试[J]. 社会科学研究，2018(5).
[60] 郁建兴，任杰. 中国基层社会治理中的自治、法治与德治[J]. 学术月刊，2018(12).
[61] [美]詹姆斯·C. 斯科特. 农民的道义经济学：东南亚的反叛与生存[M]. 程立显，刘建，等译. 上海：译林出版社，2001.
[62] 张静. 基层政权：乡村制度诸问题[M]. 上海：上海人民出版社，2007.
[63] 张静. 现代公共规则与乡村社会[M]. 上海：上海书店出版社，2006.
[64] 张乐天. 告别理想：人民公社制度研究[M]. 上海：上海人民出版社，2012.
[65] 张文显，等. 推进自治法治德治融合建设，创新基层社会治理[J]. 治理研究，2018(6).

[66] 张小军. 阳村土改中的阶级划分与象征资本[J]. 中国乡村研究，2003(2).

[67] 赵旭东. 权力与公正：乡土社会的纠纷解决与权威多元[M]. 天津：天津古籍出版社，2003.

[68] 折晓叶，陈婴婴. 社区的实践："超级村庄"的发展历程[M]. 杭州：浙江人民出版社，2000.

[69] 折晓叶. 村庄的再造：一个"超级村庄"的社会变迁[M]. 北京：中国社会科学出版社，1997.

[70] 周飞舟. 从汲取型政权到"悬浮型"政权——税费改革对国家与农民关系之影响[J]. 社会学研究，2006(3).

[71] 周其仁. 中国农村改革：国家和所有权关系的变化(下)——一个经济制度变迁史的回顾[J]. 管理世界，1995(4).

[72] 周荣. 中国传统社会晚期的"乡土互助圈"与农村社会保障——以两湖地区为中心[J]. 近代史学刊，2007(0).

[73] 周雪光. "关系产权"：产权制度的一个社会学解释[J]. 社会学研究，2005(2).

[74] 周怡. 共同体整合的制度环境：惯习与村规民约——H 村个案研究[J]. 社会学研究，2005(6).

[75] 周怡. 中国第一村：华西村转型经济中的后集体主义[M]. 香港：牛津大学出版社，2006.

[76] 庄孔韶. 银翅：中国的地方社会与文化变迁[M]. 北京：三联书店，2000.

后　记

2008年，正当我为博士论文选题无比烦恼的时候，一个偶然的机会使我来到了全国文明村——蒋巷村，我深深地为这个集体主义村庄的繁荣以及村党支部书记常德盛的个人品格所折服。虽然我自己生长在浙江农村，对农村生活有一定的了解，然而蒋巷村的发展模式显然超出了我对农村发展的认识和体验，为此，我决定以这个典型的集体主义村庄为研究对象，探讨中国农村的发展模式和基层社会治理的出路。这本书讲述了蒋巷村从1949年到2009年的发展历程，这一历程也是理解中国农村尤其是长三角地区农村发展的重要线索。虽然中国农村的制度在60年里发生了巨大的变革，我们仍然可以看到变革背后的不变，不变的是常德盛书记始终如一的品格，其背后体现的是中国乡村社会的德治体制。2010年毕业后，我来到华东理工大学工作，我的研究领域也发生了转变，开始关注中国城市的基层社会治理。虽然城市社区治理和乡村治理有着很大的区别，但两者也有其高度相似性，即一个高度的道德权威对维系一个社区的整合来说具有不可替代的意义。因此，理解蒋巷村的发展和治理逻辑，对于当下中国的基层社会治理实践具有重要意义。

衷心感谢我在清华大学六年学习期间的三位导师：张小军老师、孙凤老师和中国社会科学院社会学所的谭深老师。张小军老师是我攻读博士学位期间的导师，他严谨的治学精神、深厚的理论涵养和敏锐的洞察力，都是我在未来的学术道路中应该学习的。在本书的撰写过程中，从最初的选题到最后的定稿，都离不开我与张老师的多次讨论，因此本研究也凝结了他的大量心血。张老师一直追求研究方面的理论创新，强调抽象理论的建构及其与学术前沿的对话，而这也正是我的短板所在，因此张老师在这方面给予了我大量的耐心指导。孙凤老师是我攻读硕士学位期间的导师，她温和的性格以及对我学习和生活的细微关怀，让我在清华大学的六年学习生涯中倍感温暖。感谢中国社会科学院的谭深老师，她对学术研究的严谨和细致、对弱势群体的同理和帮助，以及对我个人学术上的指导都是最令我印象深刻和感动的。

感谢沈原老师，他的幽默风趣及对社会学的执着都深深地影响了我，在本书的撰写过程中，他的些微指点都会让我有醍醐灌顶之感。我对蒋巷村的研究是裴晓梅老师主持的一项由英国 IDS 公司资助的“亚洲社会保障”项目的部分成果，整个研究得到了该项目的经费支持，我在这一过程中也得到了裴老师的悉心指导。六年的学习生活使我和王天夫老师形成了亦师亦友的关系，无论是在生活上还是在学习上，他都为我提供了极大的帮助。郭于华老师、孙立平老师和景军老师的授课和指导也对本书的形成有很大的帮助。

在本书的撰写过程中，石长慧、余晓燕、韩俊红三位博士，同门师弟徐晓锋、同门师妹陈倩凝经常与我进行细致探讨，由此让我获益良多。华中师范大学的符平博士对本研究提出的意见让我获益匪浅，在此一并表示感谢。

本书讲述的是蒋巷村党支部书记常德盛和全体村民的故事，常德盛个人的人格魅力让我肃然起敬，他对我田野调查的大力支持和开放态度使得本研究得以顺利进行。苏州市文联的马汉民老师在我进入田野到最后完成田野调查的过程中对我关怀颇多，他作为长辈的循循善诱对身为晚辈的我而言是一笔宝贵的财富。另外，蒋巷村的张卫青副主任、唐渭青秘书也给了我很多帮助，在此也对他们表示感谢。

还要感谢华东理工大学出版社社科事业部主任刘军与编辑孟媛利和牟小林为本书的出版工作付出的大量努力，特别是孟媛利编辑，她对本书的修改工作提出了很多专业性建议。由于本人精力和能力所限，本书仍有很多不足之处，希望能在以后的研究中得到补充。

最后，我要感谢我的家人。感谢我的父母、岳父岳母和我的妻子。我的父母是中国最朴实农民的代表，几十年来他们含辛茹苦地支持我的学业，我对父母的感激之情是无法用语言来表达的。我的岳父岳母帮助我承担了大量的家务工作，不计回报地支持我的工作。也把此书献给我可爱的女儿唐誉文，希望她未来能理解优秀的道德品格对于个人和民族的意义与价值。

内 容 提 要

本书基于对蒋巷村这一全国文明村 60 年发展历程的人类学田野调查，探讨集体主义村落发展和治理背后的逻辑和机制。本书对已有的集体主义村落的研究范式进行了系统梳理，并提出了“德治权威与集体村落”这一新的分析框架，通过讲述村庄在农业集体化、村庄工业化和企业后改制时代三个阶段的发展故事，深入研究德治权威和集体主义村落发展的内在机制。本书指出，德治是中国基层社会治理可以依赖的重要本土传统资源，深化和创新德治模式对于促进乡村振兴、村庄集体经济发展以及健全“自治、德治、法治”三治融合的乡村治理体系有着重要的理论和政策意义。